D1640021

REIHE ANDALUSIEN

Peter Hilgard

Der maurische Traum

Dimensionen der Sinnlichkeit
in al-Andalus

V E R L A G
WINFRIED JENIOR

Reihe Andalusien - Band 7
Erste Auflage 1997

Copyright © 1997 by Verlag Winfried Jenior
Lassallestraße 15, D-34119 Kassel
Tel.: 0561 - 7391621 und 0561 - 17655,
Fax: 0561 - 774148, e-mail: Jenior@aol.com

Umschlagfotos und S. 2, 6, 12, 17, 38, 101, 133:
Barbara Kempf-Jenior
Alle weiteren Fotos: Winfried Jenior
Reihenlogo: Michael Vorwerk
Druck: Druckwerkstatt Bräuning & Rudert, Espenau
Printed in Germany
ISBN   3-928172-77-8

INHALT

AUF DEN SPUREN VON ATLANTIS

Sigmund Freud, der große Gefühlstheoretiker des untergehenden viktorianischen Zeitalters und Begründer der Psychoanalyse, hat das "Lustprinzip" als Antipoden des "Realitätsprinzip" gesehen und gleichzeitig damit die psychische Regelung der sogenannten "Primärvorgänge" definiert. Was damit gemeint war, ist im Grunde einfach: alles was wir als Bilder oder Empfindungen direkt wahrnehmen und was in uns das Bedürfnis nach Befriedigung weckt, ohne daß wir die tatsächliche Situation und die Realisierungsmöglichkeiten unserer Wünsche analysieren, gehört in die vom Lustprinzip gesteuerten unbewußten Primärvorgänge. Das Lustprinzip setzt Energien frei, die in kontrollierter Form in der Kunst, im emotionalen Verständnis der Menschen untereinander und schließlich auch im religiösen Erleben dominieren.

Zu den grundlegenden Bedürfniszuständen des Menschen, die in allen Zeiten nach Befriedigung gestrebt haben, gehören ohne Zweifel das Essen, das Trinken und die Liebe. Immer hat der Mensch den Wunsch gehabt, sich nach der Empfindung von Freude und Lust mitzuteilen und damit dem persönlichen Erlebnis zu huldigen. So kam es, daß er darüber schrieb, Bilder malte, Skulpturen anfertigte, Gebäude schuf, feine Mahlzeiten zubereitete und herrliche Getränke entstehen ließ. Auf diese Art sind Dokumente der Kulturgeschichte entstanden, die es uns heute ermöglichen, Menschen früherer Jahrhunderte und ihre Empfindungen im Lichte unserer eigenen Gefühlswelt wieder auferstehen zu lassen. Die arabische und die jüdische Kultur im mittelalterlichen Spanien war, wie kaum eine andere, vom Lustprinzip beherrscht. Jenes sagenumwobene al-Andalus auf der Iberischen Halbinsel ist, gerade angesichts der gesellschaftlichen und politischen Verhältnisse im Europa des ausgehenden 20. Jahrhunderts, einer näheren Betrachtung wert.

Mit dem Untergang des Kommunismus am Ende des 20. Jahrhunderts begann sich in vielen Ländern wieder ein diffuser Nationalismus breit zu machen, der offenbar das ideologische Vakuum füllen sollte. Wer hätte nach der historischen Erfahrung der europäischen Völker gedacht, daß die längst totgeglaubten Zeiten nationalen Eifers, nun nochmals aufleben? Was kann angesichts dieser erneuten Bedrohung von Freiheit und Toleranz sinnvoller sein, als sich zurückzubesinnen auf eine großartige Epoche unserer europäischen Vergangenheit, in der es erstmalig - vielleicht auch letztmalig - gelungen war, eine wirklich multikulturelle Gesellschaft auf europäischem Boden aufzubauen? Al-Andalus, das sinnenfrohe maurische Spanien, stand Jahrhunderte für Gleichberechtigung verschiedener Kulturkreise und gegenseitige Akzeptanz. Obwohl am Ende diejenigen, die diese Gesellschaft formten, auch ihr Opfer wurden, ermutigt an diesem historischen Beispiel die Tatsache, daß es überhaupt - und so lange - existieren konnte.

Neben politischer Engstirnigkeit hatte auch ein anderes Phänomen unserer Gesellschaft seinen Kontrapunkt in al-Andalus: Die fehlende Liebes- und Genußfähigkeit der Menschen. Während heute Sex eine Industrie und ein lukratives Geschäft ist, bei dem Menschen ihre Körper und Gefühle verkaufen, ohne dafür selbst wirkliche Befriedigung oder irgendeinen anderen adäquaten Gegenwert zu bekommen, wurde Sex in al-Andalus ganz anders verstanden. Die Freizügigkeit der Gesellschaft in Sachen Sexualität war nicht geringer als heute, jedoch wurde sie als Mittel zum Zweck und nicht als Selbstzweck angesehen. Das Gleiche gilt z.B. auch für den Alkoholkonsum: Man trank, trotz des vom Koran vorgegebenen Alkoholverbotes, viel und regelmäßig Wein, aber niemals, um sich nur zu berauschen sondern um die Empfindsamkeit der Sinne zu steigern und damit die eigene Genußfähigkeit zu erhöhen.

Wenn es lediglich um die Beschreibung historischer Tatsachen ginge, wäre die Beschäftigung mit der Geschichte vermutlich wirklich so langweilig, wie mancher Oberlehrer sie seinen unbedarften Schülern vermittelt. Aber es geht um weit mehr als um Jahreszahlen und Ereignisse, die mit diesen verknüpft sind. Jeder der mit wachen Augen durch die Welt geht wird unweigerlich immer wieder die kindlichen Fragen "wieso?" und "warum nicht anders?" stellen. Um unsere Umwelt zu verstehen sind wir ständig auf der Suche nach Erklärungen, die uns verständlich machen, warum es verschiedene Kulturen und Lebensformen gab und gibt. Erst wenn wir dies wirklich begriffen haben, werden wir auch in die Lage versetzt, Wege zu finden, wie wir selbst mit der ganzen Verschiedenartigkeit der Menschen leben und umgehen können. Bei der Beschäftigung mit al-Andalus bin ich auf viele Zusammenhänge gestoßen, die mir helfen, mein heutiges Umfeld besser zu interpretieren. Nicht die Analyse, sondern das Beobachten von Lebensformen und das Nachvollziehen der eingangs erwähnten Primärvorgänge in der maurischen und jüdischen Psyche haben mich darauf gebracht.

An den Säulen des Herkules, dem Monte Hacho auf afrikanischer und Gibraltar auf europäischer Seite, endete in den frühen Tagen der Menschheit die mediterrane Welt. Dahinter begann das große, unendliche Meer, der atlantische Ozean. Es war ein unvorstellbarer Raum, von dem man annahm, er führe direkt in das Totenreich. Eine Tagesreise mit dem Segelschiff hinter den Säulen lag im Mündungsgebiet des Guadalquivir am Atlantik das Königreich Tartessos. Vor etwa dreitausend Jahren lebte dort ein reiches und glückliches Volk. Tartessos war in grauer Vorzeit das Herz Andalusiens. Nach 500 Jahren Blütezeit wurde es von den Karthagern zerstört und versank danach im Dunkel der Geschichte. Schon bald begannen sich Sagen und Legenden um dieses wundersame Reich zu ranken. Sie gipfelten in Platons Beschreibung vom glücklichen "Atlantis".

Tartessos, alias Atlantis, mag zwar geographisch untergegangen sein und unter den Dünen am Golf von Cádiz schlummern, in der Seele des Andalusiers aber hat es die Jahrtausende überlebt. Vielleicht war es dieses göttliche Land, von dem Jehuda ha-Levi, Ibn al-Arabi und Juan de la Cruz in ihren mystischen Schriften träumten. Das spanische al-Andalus war zwar nicht mehr

Atlantis, aber es war wohl - in seinen besten Tagen - eine Miniatur dieses phantastischen Paradieses.

In die Reihe der Kulturträger, die den Charakter historischer Epochen mitgeprägt haben, müssen ganz entschieden auch die Köchinnen und Köche eingereiht werden. Ihnen, die meist anonym geblieben sind, verdanken wir die große Vielfalt der kulinarischen Freuden, die uns tagtäglich aufs Neue begegnen. Die Fischer auf ihren kleinen Booten haben sich immer wieder in Lebensgefahr begeben, um beim aufkommenden Sturm ein paar leckere Fische für das abendliche Festmahl zu fangen und so mancher Händler ist fern der Heimat für ein paar Pfund Koriander, Safran oder Ingwer in der Wüste verdurstet. Auf der Suche nach kulinarischem Genuß ist der Mensch vor fast nichts zurückgeschreckt. Je schwieriger etwas zu bekommen war, desto begehrter und teurer war es. Die Suche nach neuen und fremden Gewürzen hat unsere Vorfahren zum Reisen und Entdecken angeregt und damit die Welt mehr als nur einmal verändert.

Es gibt vermutlich kaum andere Bereiche, in denen der Austausch von Waren und Erfahrungen zwischen den Kulturen seit Urzeiten so gut und problemlos funktioniert hat, wie auf dem kulinarischen Gebiet. Häufig sind die Kochtöpfe im wahrsten Sinne des Wortes die Schmelztiegel der Kulturen gewesen. Auf al-Andalus trifft dies in ganz besonderem Maße zu. Hier trafen europäische, arabische und jüdische Lebensgewohnheiten haut- und gaumennah aufeinander und konnten sich über lange Zeit gegenseitig befruchten. Auf den andalusischen Herden garten Speisen, deren Raffinesse kaum mehr zu überbieten und in ganz Europa berühmt war.

DIE WURZELN DES MAURISCHEN LEBENS-GEFÜHLS

Spanisches Leben war maurisches Leben. Es hat sich, wie die gesamte maurische Kultur, aus dem entwickelt, was die moslemischen Eroberer mitbrachten und aus dem, was sie im eroberten Land vorfanden. Neben den orientalischen Einflüssen, die über Persien in die gesamte islamische Welt gelangten, waren es die Griechen, Römer und Goten, die wichtige Impulse für die Entwicklung eines eigenständigen maurischen Lebensgefühls gaben.

Das zweite große Perserreich zur Zeit der Sassaniden (von 226 bis 651 n. Chr.) trug ganz erheblich dazu bei, eine gemeinsame kulturelle Tradition im gesamten Orient von Indien über Persien bis zur arabischen Halbinsel und Ägypten zu schaffen. Als Kalif Omar, der "Beherrscher der Rechtgläubigen", die Sassaniden schließlich 642 vom Thron verjagte und ihr Land vereinnahmte, fanden die Araber eine blühende Kultur vor, die einen enormen Einfluß auf die Entwicklung ihrer Lebensart und Kunst nehmen sollte. Aus der reichen Quelle des sassanidischen Kosmopolitismus schöpften auch viele arabische Küchenrezepte, insbesondere bei der Verwendung von Kräutern und Gewürzen, die nur im fernen Orient bekannt waren. Sicher waren es die fremdartigen Gewürze und Düfte, die die Araber neugierig auf Indien machten, wohin sie dann auch bald ihre Eroberungszüge lenkten. An den Gewürzen und Gewürzmischungen von al-Andalus kann man auch den Weg aufzeigen, den so manche kulinarische Gewohnheit der europäischen Antike zu den Arabern und Mauren genommen hat. Wie die medizinische Wissenschaft der Griechen und Römer über die arabischen Übersetzungen, die am abbasidischen Kalifenhof oder in Persien angefertigt wurden, kamen auch die antiken Kräuter, die ja sehr häufig auch Heilmittel waren, zu den Arabern und mit ihnen schließlich auf die Iberische Halbinsel. Im Verlauf der Begegnung mit der maurisch-jüdischen Küche werden wir immer wieder auf deren griechische und römische Wurzeln stoßen.

Mit dem Untergang der Römer verkümmerte schließlich auch deren blühende Landwirtschaft auf der Iberischen Halbinsel. In den Jahrhunderten der Völkerwanderung kamen nur wenig kulinarische Impulse ins Land. Die eingewanderten Alanen, Sweben und Vandalen waren voll damit beschäftigt, für ihr nacktes Überleben zu sorgen und entwickelten - soweit wir wissen - keine eigenständige Kultur auf iberischem Boden. Erst den Westgoten, die von der Schwarzmeerküste über Italien nach Spanien kamen, gelang es wieder, ein neues Reich zu gründen. Toledo wurde Hauptstadt, und die Gotenkönige begannen zusammen mit dem gotischen Adel, das Land zu organisieren. Bald etablierte sich eine Oberschicht, die schließlich ihren König selbst wählte und ein soziales Staatswesen schuf, welches in jenen frühen Tagen der europäischen Geschichte seiner Zeit eigentlich weit voraus war. Die Goldminen Spaniens waren eine schier unversiegbare Quelle von Reichtum, der durch Steuererlässe und öffentliche Einrichtungen auch der Bevölkerung zugute kam. Man zeigte Luxus auch nach außen: Bei der Königskrönung trug der Auserwählte einen Purpurmantel und kunstvoll bemalte Schuhe. Er saß auf einem silbernen Thron, über seinem Kopf hing - mit Ketten an der Decke befestigt - die reich mit Edelsteinen besetzte Goldkrone. Sie war viel zu schwer um auf dem Haupt getragen zu werden. Heute kann man die großartige Weihekrone des Königs Rekkeswind (653-672) im Madrider Archäologischen Museum (*Museo Arqueológico Nacional* am Paseo de Recoletos) bewundern und sich ein Bild vom Wohlstand und Luxus des gotischen Königshofes machen.

Der öffentlich zur Schau getragene Reichtum der Westgoten läßt vermuten, daß die damalige Gesellschaft auch kulinarischen Genüssen nicht abhold war. Die Goten waren germanischen Ursprunges und wie ihre Vorfahren an den Gestaden der Ostsee, liebten sie alkoholische Getränke. In Spanien haben sie ihre Eß- und Trinkgewohnheiten sehr schnell an die vorhandenen römischen Gepflogenheiten angeglichen (Martínez Llopis, M. M., 1989). Der Wein- und Ackerbau wurde unverändert nach römischem Vorbild weiter kultiviert. Ob die Goten auch Rebstöcke ins Land eingeführt haben, ist nicht bekannt. Die Verwandtschaft einiger iberischer Sorten mit nördlichen Reben hat wohl eher etwas mit deren Import durch die mittelalterlichen Santiago-Pilger zu tun. Ein spezifischer Beitrag der Westgoten zur späteren maurisch-jüdischen Gastronomie ist in ihrer ausgeprägten Vorliebe für den Apfel zu sehen. Isidor, Bischof von Sevilla und westgotischer Historiker, beschreibt eine Vielzahl von Apfelarten in den "pomarias" (Apfelgärten) seines Heimatlandes. "Melimela" war eine gotische Leckerei aus Äpfeln und Honig, ähnlich unserem heutigen "Apfel im Schlafrock". Auch der Apfelwein "sicera", war eine der großen Schwächen der Goten. Dieses Getränk ist hebräischen Ursprungs und kam mit den vom römischen Kaiser Titus nach der Zerstörung des Tempels zu Jerusalem (70 n.Chr.) ausgewiesenen Juden nach Spanien. Im baskischen Wort "zizar" und im spanischen "sidra" (engl. cider, franz. cidre) hat sich der Begriff erhalten. Noch heute ist Asturien, das Erbland der Westgoten, das auch zu keiner Zeit von den Mauren besetzt war, die Heimat des "sidra".

Die Westgoten hingen ursprünglich dem Arianismus an, einer christlichen Lehre, derzufolge Christus nicht wesensgleich mit Gott, sondern lediglich dessen vornehmstes Geschöpf war. Dieser Glaube wurde von der katholischen Kirche als Irrlehre angesehen und schließlich mußten die Westgoten unter dem Druck der römischen Päpste auch den offiziellen katholischen Glauben annehmen. Dies war der Anfang ihres Endes: die von den übereifrigen katholischen Bischöfen ausgelöste Judenverfolgung war vermutlich einer der Gründe für den Einmarsch der Berber und Araber ins Land und den damit verbundenen Untergang der Westgoten.

DIE GESCHICHTE DER MAUREN

Die spanische Geschichte des Maurenvolkes begann am 19. Juli des Jahres 711 nach Christi Geburt. Damals landete, nach erfolgreicher Überquerung der Straße von Gibraltar ein Stoßtrupp bestehend aus nordafrikanischen Berbern und Arabern im Auftrag des islamischen Kalifats von Damaskus auf der von den Westgoten beherrschten Iberischen Halbinsel. Es sollte der Beginn einer über siebenhundert Jahre dauernden Geschichte werden, die von den Historikern, gemäß der ihnen innewohnenden Systematik, in sechs größere Zeitabschnitte eingeteilt wird (Haarmann. U., 1991).

(1) Die Zeit der omaijadischen Gouverneure, 711 - 756. Nach sieben Jahren diplomatischer und kriegerischer Auseinandersetzungen war, bis auf die nördlichen Regionen Galicien und Asturien, das Westgotenreich unter moslemischer Herrschaft. Allerdings waren die Grenzen gegen die nördlichen, christlichen Provinzen nicht stabil und änderten sich ständig. Das Land stand unter direkter Herrschaft der Omaijaden-Kalifen in Damaskus, als Verwaltungssitz wurde Córdoba gewählt. Aus dieser ersten arabischen Zeit in Spanien sind nur noch Münzen und ein paar Scherben von Töpferwaren erhalten geblieben.

Die Muslime nannten ihr neues islamisches Land "al-Andalus", ein Name, der sehr bald auf den Münzen erschien und wohl eine Arabisierung des römischen "Spania" war, und nicht, wie gelegentlich behauptet wird, eine späte Huldigung an die Vandalen ("Vandalusien!"), die sich hier während der Völkerwanderung einmal kurz niedergelassen hatten. Eine dritte Interpretation des Namens leitet ihn vom gotischen "Landahlauts" ab, was eigentlich so viel wie "landlos" bedeutete und auf die Eroberer hinweist, die in ihrer Heimat landlos waren und daher quer durch Europa auf Eroberungszüge gehen mußten (Barrucand, M. und Bednorz, A., o.J.).

(2) Das Emirat der Omaijaden, 756 - 929. Als die Abbasiden das Kalifat in Damaskus im Jahre 750 stürzten und das ganze Geschlecht der Omaijaden ausrotteten, gelang es einem jungen überlebenden Omaijadensproß, sich nach Spanien durchzuschlagen. Dort wurde er unter dem Namen Abd ar-Rahman I. der erste omaijadische Emir von al-Andalus. Seine Hauptstadt blieb Córdoba. Er vereinte und führte das Land mit Intelligenz und Strenge. Diplomatische Verbindungen mit den christlichen Ländern im Norden und den islamischen Nachbarstaaten sowie dem byzantinischen Reich verschafften al-Andalus hohes Ansehen in ganz Europa. Auch gab es mannigfaltige kulturelle Beziehungen mit den Abbasiden, die ihre Hauptstadt von Damaskus nach Bagdad verlegt hatten. Abd ar-Rahman begann den Bau der großen Moschee in Córdoba, in seiner Regierungszeit wurde die spezifische andalusisch-arabische Kultur begründet.

(3) Das Kalifat der Omaijaden, 929 -1031. Abd ar-Rahman III. beanspruchte erneut das Recht der Omaijaden auf die Nachfolge des Religionsstifters Mohammed, und im Jahre 929 erklärte er sich selbst zum Kalifen. Die Kunst und die Kultur von al-Andalus erreichten einen ersten Zenit unter den langen Regierungsperioden Abd ar-Rahmans III., seines Sohnes al-Hakam II. und den amiridischen Machthabern, insbesondere des legendären al-Mansur. Al-Mansur war der Prinzregent des unmündigen Hischam II. Die enorme Machtentfaltung und internationale Bedeutung von al-Andalus bewirkten, daß Córdoba das Zentrum der islamischen Welt wurde. Kulturelle Einflüsse kamen aus allen Ecken und Winkeln moslemischer Herrschaft ins Land. Das alte omaijadische Damaskus wurde ein Vorbild für die Herrscher über al-Andalus. Der Ausbau der Moschee von Córdoba und die großartige Palaststadt Medina al-Zahara waren unter anderem die äußeren Zeichen des Reichtums und des Wohlstandes.

(4) Die Zeit der Taifas, 1031 - 1086. Das Kalifat von Córdoba zerbrach während der "fitna", dem Bürgerkrieg zwischen 1010 und 1013. In den verschiedenen Provinzen von al-Andalus erhoben sich einzelne Familien oder Familienclane zu uneingeschränkten, von der Zentralregierung in Córdoba losgelösten Herrschern. Die berühmtesten Häuser jener Tage waren die Abbaditen in Sevilla, die Dannuniden in Toledo, die Hudiden in Saragossa und die Ziriden in Granada. Die Konkurrenz der Taifas untereinander schuf ein kulturelles Klima, in dem Musik, Dichtung und bildende Künste eine neue Blüte

erreichten. Politisch war das ehemalige Omaijaden-Kalifat zerfallen und die Taifas konnten dem nichts entgegensetzen. Es war ein Machtvakuum entstanden, welches der "Reconquista", der Wiedereroberung des Landes durch die christlichen Könige im Norden, erheblichen Auftrieb verlieh.

(5) Die Zeit der Almoraviden und Almohaden, 1088 - 1232. Nach der Niederlage der moslemischen Truppen gegen die Christen bei Toledo im Jahre 1085 kamen die Almoraviden ihren Glaubensgenossen zu Hilfe. Die Almoraviden waren eine von Berbern beherrschte, neue islamische Kraft Nordafrikas, die von den Höfen der Taifas vermutlich zu Hilfe gerufen wurden. Sie übernahmen die Macht in al-Andalus im Jahre 1090, behielten aber ihren Regierungssitz im maghrebinischen Marrakesch. Unter ihnen setzte eine Art religiöse und moralische Rückbesinnung auf die Ursprünge des Islam ein. Die Dekadenz in den Hauptstädten der Teilreich-Könige und die Opulenz maurischer Lebensart wurde weitgehend durch eine orthodoxe, koran-orientierte Lebensauffassung ersetzt. Aber langsam begannen auch die Almoraviden Gefallen an maurischem Luxus zu finden. Zu Beginn des XII. Jahrhunderts wurden sie schließlich von der in Marokko neu entstandenen Dynastie der Almohaden abgelöst. Die Almohaden stammten aus dem südlichen Maghreb und beließen zunächst Marrakesch als ihre Hauptstadt. Später übernahm Sevilla diese Rolle. Die berühmte Giralda - das alte Minarett der Moschee und Kirchturm der späteren christlichen Kathedrale von Sevilla - ist ein eindrucksvolles Dokument almohadischen

Baustils. Das Jahr 1212 ist nicht nur mit dem Schicksal der Almohaden eng verbunden, sondern war auch ein Wendepunkt in der europäischen Geschichte. In der Entscheidungsschlacht von Las Navas de Tolosa schlugen die alliierten christlichen Truppen von Kastilien und Aragón die Almohaden. Dies war der Beginn des Endes der "Reconquista". Vom ehemaligen al-Andalus der omaijadischen Kalifen blieb schließlich nur noch das kleine Königreich Granada übrig, das sich mehr schlecht als recht gegenüber den nunmehr mächtigen kastilischen Herrschern behaupten konnte.

(6) Das Königreich der Nasriden, 1238 - 1492. Muhammad I. war der erste König aus dem Geschlecht der Nasriden von Granada und den benachbarten Provinzen Jaén, Almería und Málaga. Die Anfangsperiode der nasridischen Herrschaft war durch den enormen politischen und militärischen Druck aus den nördlichen, christlichen Ländern gekennzeichnet. 1243 geriet das kleine moslemische Königreich von Granada in die Tributpflicht Kastiliens, in der es bis zu seinem Ende über 200 Jahre später blieb. Ismail I., Yussuf I. und Muhammad V. waren in dieser Zeit die überragendsten Herrscher und Förderer der Künste. Im Schatten des bevorstehenden Unterganges entwickelte die granadinische Kultur noch einmal eine letzte Blüte, deren schönstes Denkmal die Alhambra ist. Die permanente politische Krise im Maghreb während fast des gesamten 15. Jahrhunderts und die weitere Stärkung der christlichen Machthaber aufgrund der Vereinigung von Kastilien mit Aragón durch die Heirat Isabellas mit Ferdinand im Jahre 1469

waren die wichtigsten Faktoren, die zum Ende Granadas führten. Am 2. Januar 1492 übergab der letzte Nasride, König Boabdil (Muhammad XII.) die Schlüssel der Alhambra an die Katholischen Könige. Über sieben Jahrhunderte maurischer Herrschaft auf spanischem Boden hatten ihr endgültiges Ende gefunden.

Soweit die Tatsachen. Geschichts- und Geschichtenschreiber haben sich seit Jahrhunderten gefragt, wie es denn zu dem so erfolgreichen Einfall der Berber und Araber in Spanien kommen konnte. Die Legende gibt der schönen Florinda, der Tochter des gotischen Grafen Julián von Ceuta indirekt die Schuld für die Wende in der europäischen Geschichte. Die junge Gräfin war eine Hofdame beim Gotenkönig Roderich in dessen Hauptstadt Toledo. Der verheiratete König hatte schnell die Reize der jungen Frau erkannt und eines schönen Nachmittags überraschte er sie beim Bade an den Ufern des Tajo-Flußes unter den Weiden. Florinda wird sich vermutlich nicht sehr gewehrt haben, sie sorgte dennoch dafür, daß ihr Vater, ein Widersacher Roderichs, von dem Vorfall erfuhr. Dieser soll dann vor Wut und Rachegefühl seinen Berberfreund Tarik mobilisiert haben, die Meerenge nach Spanien zu überqueren und es dem Verführer seiner Tochter heimzuzahlen. Florinda, die Schöne, soll sich vor den Toren Elviras, dem heutigen Granada, versteckt gehalten und nach Roderichs Niederlage sechs Wochen geweint haben. In der Vega von Granada erinnern noch viele Ortsnamen an ihre Anwesenheit.

Im Vergleich zur Florinda-Legende ist die Hypothese, daß die bedrängten Juden die Muslime um Unterstützung gebeten haben sollen, wahrscheinlicher. Der römische Kaiser Titus hatte viele Juden nach der Zerstörung des Tempels in Jerusalem im Jahre 70 n. Chr. in die spanischen Provinzen deportieren lassen. Unter den anfänglich eher toleranten Westgoten konnten sie nicht nur ihren Geschäften nachgehen, sondern hielten auch wichtige Positionen in Staat und Verwaltung besetzt. Aber bereits auf der Synode von Elvira, nahe dem heutigen Granada, im Jahre 306 wurden Gesetze zum Umgang von Christen mit Juden verabschiedet. Nach dem Übertritt der Westgoten vom Arianismus zum römisch-katholischen Glauben wurde der Druck der katholischen Bischöfe auf die Juden immer größer. Zu Beginn des 8. Jahrhunderts hatten sich die Spannungen zwischen den gotischen Katholiken und den Juden dermaßen verschärft, daß gewaltsame Übergriffe auf jüdische Personen und Einrichtungen zur Tagesordnung gehörten. Kein Wunder also, daß sich die Juden nach Hilfe und Unterstützung umsahen. Auch bei dieser Interpretation der Ereignisse spielt Julián, der Graf von Ceuta eine wichtige Rolle, denn er war der Mittelsmann zwischen Juden und Berbern und soll Tarik zu seiner geschichtsträchtigen Aktion bewegt haben (Leroy, B., 1987).

In neuester Zeit haben spanische Historiker eine andere These vertreten. Sie haben sich gefragt, wie es denn sein konnte, daß eine Handvoll Berber ein ganzes Königreich innerhalb kürzester Zeit bezwingen konnten. Es liegt nahe, anzunehmen, daß das Gotenreich bereits heruntergewirtschaftet war und die fremden Machthaber keinerlei Unterstützung mehr innerhalb der Bevölkerung hatten. Die Ankunft der Berber und Araber markierte nach dieser Theorie nur das äußere Zeichen einer im Inneren längst vollzogenen Veränderung. Man spricht in diesem Zusammenhang sogar gelegentlich von einer Revolution, was so viel heißt, daß sich die Einwohner Spaniens mit Hilfe der Nachbarn aus dem Maghreb von der gotischen Fremdherrschaft befreit haben. Auch hierbei müssen die Juden eine zentrale Rolle gespielt haben. War die Schlacht am Guadalete-Fluß ein Sieg der spanisch-berberischen Koalition über die fremden Westgoten? Die Idee ist sehr griffig, denn sie würde zwanglos erklären, warum das moslemische Spanien von Anfang an so eine enorme Akzeptanz bei der Bevölkerung hatte und sich schließlich zu einem Schmelztiegel der Kulturen entwickeln konnte, wie es unter dem Kalifen Abd ar-Rahman III. und seinen Nachfolgern geschah.

Die wirkliche Bedeutung der Hypothese von der Befreiung ist allerdings, daß mit ihr die maurische Geschichte Spaniens wieder in das Zentrum der Identität Spaniens und Europas gerät. Es ist nicht mehr das alte Klischee von der gewaltsamen Eroberung der Iberischen Halbinsel durch die furchtbaren Ungläubigen, deren Kultur sich wie ein Schandfleck auf der christlich weißen Weste Europas breitgemacht hat, sondern die einer positiven Bewegung, die sich gegen die religiöse und soziale Stumpfheit einer politisch unfähigen nordeuropäischen Clique durchgesetzt hat. Damit gewinnen die siebenhundert Jahre maurischer Herrschaft in Spanien eine etwas andere Perspektive. Sie werden wieder ein wichtiger Teil unserer eigenen kulturellen Wurzeln. Aus diesem Grunde erhält auch die Beschäftigung mit maurischer Sinnenfreude eine neue Dimension, denn gerade in ihr erkennen wir unschwer eine der vielen Quellen unseres heutigen Geschmacks, Gefühls und unserer Ästhetik. Al-Andalus hat uns bis heute geprägt.

Ein selten gewürdigter Aspekt in der Beziehung der Spanier zu den Mauren und Juden ist die kulturelle Nähe der Iberer, der "Ureinwohner" der Halbinsel, zu den Berbern Nordafrikas. Der Charakter dieses spanischen Urvolkes, von dem wir relativ wenig wissen, war dem jüdisch-arabischen sicher weit näher verwandt als dem römisch-indogermanischen. Die alte Behauptung, Afrika beginne hinter den Pyrenäen war wesentlich mehr als nur eine ironische Umschreibung des iberischen Isolationismus in unserem Jahrhundert, sie beschrieb vielmehr sehr genau eine jahrtausendealte kulturelle Wirklichkeit. Wie sonst wäre es zu verstehen, daß noch heute ein Fünftel der Bewohner von Fez und ein Drittel derer von Meknes iberischer Abstammung sind (Benedek, C., 1990)

Maurische Kultur hat nicht nur auf dem Boden von al-Andalus und seinem christlichen Nachfolgestaat - und über ihn im gesamten Abendland - tiefe Spuren hinterlassen, sondern auch in der islamischen Welt (de Planhol, X., 1975). Ein kontinuierlicher kultureller Austausch und ein sich ständig änderndes Wechselspiel der Kräfte charakterisierte das Verhältnis zwischen al-Andalus und den nordafrikanischen Berberstaaten. Als Granada, die letzte

Bastion der Mauren, in die Hände der christlichen Eroberer fiel, begann ein Exodus auf die andere Seite des Mittelmeeres. Im malerischen marokkanischen Bergdorf Chauen (Xauen) sollte ein neues Granada entstehen und auch in Fez, in Marrakesch oder in anderen Städten ließen sich die ausgewiesenen Mauren und Juden nieder. Das Können der Handwerker und das Wissen der Gebildeten gab der marokkanischen Kultur in dem Jahrhundert nach der Mauren- und Judenvertreibung aus Granada einen immensen Impuls. Aus einem zeitgenössischen Bericht entnehmen wir, daß Muhammad al-Qaim, der Begründer der marokkanischen Dynastie der Sadier, sich Mitte des 16. Jahrhunderts eine andalusische Verwalterin holte, die seinem Hofe den verfeinerten Lebensstil beibringen sollte. In dem Text des anonymen Verfassers wird erwähnt, daß sie ihm und seinem Hofstaat beibrachte, welche Mahlzeiten man wann einnahm und wie kochte, welches Personal man in der Küche und im Eßsalon anstellte, wie der Palast zu dekorieren und einzurichten sei und welche Parfums man zu welchen Gelegenheiten auftrug.

Während Tunesien und Algerien nach der türkischen Eroberung zu Ablegern osmanischer Lebensart wurden, hielt Marokko unbeirrbar am kulturellen Erbe von al-Andalus fest. Man kann beinahe sagen, daß das heutige Marokko noch maurisch ist. Seltsamerweise scheinen sich auch die andalusischen Küstenstädte auf der anderen Seite des Mittelmeeres widerzuspiegeln: Sevillas marokkanisches Gegenstück ist Tetuán, das von Huelva ist Larache und das von Cádiz ist Tanger; Granadas Spiegelbild ist Chauen und Málaga entspricht Melilla. Die spezifische Geschichte Marokkos hat zwar ihre tiefen Spuren hinterlassen, aber die andalusisch-spanische Kultur lebt dort bis zum heutigen Tage fort. Auch die Küchentradition Marokkos ist noch tief von der spanisch-maurischen geprägt. Nach dem Einfluß Granadas, der am Beginn des 17. Jahrhunderts langsam zu versiegen begann, und dem Ende der Sa`dier (Banu Sa`d) versank Marokko in tiefer Provinzialität und brachte kaum mehr eigene kulturelle Leistungen auf, so daß wir dort den spanischen Einfluß aus den Zeiten von al-Andalus heute noch teilweise sehr unverfälscht erleben können.

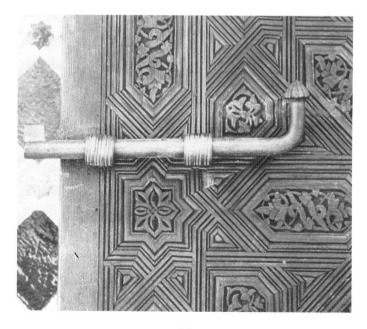

DAS LAND SEPHARAD: DIE JUDEN VON AL-ANDALUS

Schon in der rabbinischen Tradition wurde das biblische "Sepharad" mit Spanien identifiziert und so genannt (Schubert, K.; S. 13, 1979). Bei den Juden gilt noch heute die Epoche ihrer Geschichte im Land Sepharad als das goldene Zeitalter. Unter der Herrschaft der Mauren konnten sie frei von Verfolgung und gesellschaftlichem Druck ihrer Religion und ihren Lebensgewohnheiten nachgehen. Nicht anders erging es übrigens den Christen; jedoch haben die späteren Eroberer des muslimischen Spanien leider nicht Gleiches mit Gleichem vergolten. Mit der Übergabe der Stadt und des Königreichs Granada an die Katholischen Könige im Jahre 1492 endete die Freizügigkeit für die spanischen Juden endgültig - und wenig später auch für die Mauren.

Bis weit ins 20. Jahrhundert hinein gab es eine Kuriosität der Geschichte, die es den Historikern und Soziologen noch möglich machte, die ganz spezifische Kultur des sephardischen Judentums zu erleben und zu studieren: die griechische Stadt Thessaloniki. Dorthin verschlug es nach der Vertreibung aus Spanien 1492 mehr als 20 000 Juden. Damals gehörte Thessaloniki zum neu gegründeten Reich der türkischen Osmanen. Der Oberrabbiner von Istanbul, der berühmte Mosche Capsali, sorgte dafür, daß seine vertriebenen Glaubensbrüder unter den osmanischen Sultanen eine neue Heimat bekamen. Sie wurden sehr gerne aufgenommen, denn es waren viele Ärzte, Rabbiner, Buchdrucker und andere Handwerker unter ihnen, die dem sich gerade festigenden osmanischen Reich tatkräftige Unterstützung geben und beim Aufbau helfen konnten. Von Salonico, wie die emigrierten Sephardim ihre neue Heimat nannten, breiteten sie sich rasch auf andere türkische Städte aus. Trotz allem, was ihnen auf der Iberischen Halbinsel widerfahren war, hielten sie hartnäckig an ihrer spanischen Kultur fest und damit hielten auch die maurische und die jüdische Küche Einzug in die türkischen Kochtöpfe. Sie schrieben Spaniolisch, gelegentlich sogar in hebräischer Schrift, und sprachen "Djudezmo", eine spanische Umgangssprache, in der viele hebräische, türkische und arabische Lehnworte vorkamen (Spengler-Axiopoulos, B. 1993).

Sehr bald wurden die Sephardim zur herausragenden jüdischen Gruppe in Thessaloniki und ihre Stadt erhielt den Beinamen "Klein-Jerusalem an der Ägäis". Gelehrsamkeit und kosmopolitisches Denken waren die Haupteigenschaften der sephardischen Juden, die unter der türkischen Herrschaft nochmals eine Blüte erlebten, bevor sie die Geschichte endgültig einholte und sie der Armut und dem Analphabetismus anheimfielen. Am 15. März 1943 rollte der erste Zug, vollgepfropft mit Davidstern tragenden Menschen vom Bahnhof Thessaloniki in Richtung Auschwitz. Ein paar Wochen später waren die Familien mit den spanischen Namen alle verschwunden, die Stadt hatte keine jüdische Gemeinde mehr. Das großartige Erbe des Landes Sepharad am Thermaischen Golf war für immer untergegangen. Es schmerzt sehr, sich vorstellen zu müssen, wie die Nazi-Häscher Menschen und ihre Kultur zerstört haben, ohne zu wissen, daß es ihre ureigenen Wurzeln waren, die sie da mit stupider Gewalt und kaum zu überbietender Ignoranz ausrotteten.

Die sephardischen Juden wurden immer wieder als überaus intelligent, großzügig und lebenslustig geschildert. Die Sommernächte in Salonico waren in der ganzen Ägäis bekannt, man feierte und sang bis zum Tagesanbruch. Dabei trugen die Juden die alten Trachten, die sie einst aus Andalusien mitgebracht hatten und die tatsächlich noch gewisse Ähnlichkeiten mit den heutigen Flamenco-Kleidern hatten. Elias Canetti, der in Bulgarien gebürtige Literaturnobelpreisträger von 1981, stammte aus einer sephardischen Familie, die im osmanischen Reich gelebt hatte. Er erinnert sich in seiner Autobiographie: „...die ersten Kinderlieder, die ich hörte, waren Spanisch, ich hörte alte spanische Romances, was aber am kräftigsten war und für ein Kind unwiderstehlich, war eine spanische Gesinnung. Mit naiver Überheblichkeit sah man auf andere Juden herab, ein Wort, das immer mit Verachtung geladen war, lautete "Todesco", es bedeutete einen deutschen oder aschkenasischen Juden. Es wäre undenkbar gewesen, eine "Todesca" zu heiraten..." (Elias Canetti, Die gerettete Zunge, 1977). Dies beschreibt in etwa den Stolz und die Geisteshaltung der Sephardim.

Valeriu Marcu, ein junger Schriftsteller aus Rumänien mit sephardischem Hintergrund, widmete sein Hauptwerk (1934) dem Schicksal der spanischen Juden nach der "Reconquista". Für ihn stellte das Ende der maurisch-jüdischen Kultur auf der Iberischen Halbinsel bereits das Ende der nach offizieller Geschichtsschreibung gerade erst begonnenen Neuzeit dar (Marcu, V., 1991). Mit der Vertreibung der Juden und Mauren erlitt Europa einen kulturellen Aderlaß, von dem es sich bis heute nicht mehr erholt hat. Vierhundertfünfzig Jahre später wurde Marcu selbst Opfer des Antisemitismus, nach seiner Flucht vor den Nationalsozialisten verschwand der begabte und scharfsinnige Autor aus dem Blickfeld der literarischen Öffentlichkeit. Die Sephardim haben zwar große Philosophen, Mediziner und Theologen hervorgebracht, aber keinen herausragenden Biographen ihrer Kultur und daher ist es heute so schwer, sich zurück in jene bunte und rätselhafte Welt des jüdischen Spanien zu versetzen.

Im sagenhaften Babylon errichteten die Juden eine Hochkultur, die ihren Einfluß auf die gesamte damals bekannte Welt rings um das Mittelmeer nahm. Wann sie nach Spanien kamen, ist nicht mehr genau feststellbar. In jedem Fall scheint es bereits in vorchristlicher Zeit gewesen zu sein. Wir kennen sehr genau die Pläne des Apostels Paulus, eine Missionsreise nach Spanien zu unternehmen. Da der Apostel die Gewohnheit hatte auf seinen Reisen in neue Länder immer erst zu den Juden zu predigen, können wir mit gewisser Berechtigung annehmen, daß es auf iberischem Boden zu jener Zeit Juden gegeben haben muß.

Manch sephardischer Historiker sah die Geschichte der Juden in Spanien ein wenig anders. Die gelehrten Rabbiner in al-Andalus verbreiteten teilweise in ihren Gemeinden die Auffassung, daß die ersten Juden bereits zu alttestamentarischen Zeiten auf iberischem Boden lebten. Sie gingen so weit zu behaupten, daß Hiram, der Admiral König Salomons auf seinen Schiffen zusammen mit der tyrischen Flotte die ersten jüdischen Siedler auf die Halbinsel gebracht hatte. Diese hätten dann bereits im 10. Jahrhundert vor unserer Zeitrechnung die Städte Cádiz und Córdoba gegründet. Die historischen Beweise, die sie dafür ins Feld brachten, hielten zwar einer Überprüfung nicht stand, aber der propagandistische Zweck für die Gemeinde war erreicht: die iberischen Juden empfanden das Land Sepharad als ihre angestammte Heimat.

Noch im 18. Jahrhundert, also schon lange nach dem großen Exodus der spanischen Juden stellte ein Rabbi namens Isaak de Acosta "der Weise" ("al-hakem") eine Theorie auf, derzufolge Nebukadnezar II., der König von Babylon, es war, der namentlich Andalusien mit Juden bevölkerte, die er bei der Eroberung Palästinas und Jerusalems gefangengenommen hatte. Als Beweis dafür dienten ihm vor allem die Namen einiger altspanischer Städte wie Barcelona, Maqueda und Yeppes die mit den biblischen Namen Ascalon, Makedah und Yoppe übereinstimmten. Auch Toledo ist nach sephardischem Glauben eine jüdische Gründung gewesen und sein Name soll sich vom hebräischen Wort "tholedoth", die Sippe, ableiten. Angeblich hat die toledanische Gemeinde sogar in einem Schreiben an Kaifas in "Sachen des Propheten von

Nazareth" vor einer Verurteilung des Jesus zum Tode gewarnt, "da man nicht ausschließen könne, daß er der Messias sei". Im Fall der Vollstreckung des Todesurteils am Messias aber werde der Tempel von Jerusalem endgültig vernichtet und die Juden unter die Völker dieser Erde zerstreut werden (Graetz, H., 1985). Die Absicht dieser Behauptung ist allerdings allzu deutlich, als daß man ihr historische Glaubwürdigkeit zubilligen könnte.

In diesem Zusammenhang möchte ich auf das historisch bedingte ganz besondere Verhältnis von Juden und Muslimen hinweisen. Was heute als ausgesprochen "gestört" betrachtet werden muß, war einst eine ganz enge Beziehung. Im Mittelalter lebte nämlich der weitaus größte Teil der Juden im islamischen Herrschaftsbereich. Im Laufe der Zeit ergab sich eine kulturelle Symbiose, die es rechtfertigt von einer "jüdisch-islamischen Tradition" zu sprechen (Lewis, B., 1987). Es gab eine erkennbare jüdische Komponente im Islam, die das Zusammenleben der beiden Religionen im maurischen Herrschaftsbereich wesentlich erleichterte.

Im 11. und 12. Jahrhundert erlebte die jüdische Kultur in al-Andalus eine Glanzzeit. Dichter wie Salomon Ibn Gabirol (um 1022-1058), Wissenschaftler wie der Astronom Abraham ibn Hijja (gestorben 1136), Religionsgelehrte wie der Bibelkommentator Abraham Ibn Esra aus Toledo (1075-1141) und im besonderen der Theologe und Philosoph Mosche ben Maimon aus Córdoba (um 1135-1204) prägten die Epoche. Sie stellte die Blüte jener arabisch-hebräischen Kultur dar, die eine in der Geschichte einmalige Symbiose war. Arabisch war die gemeinsame Sprache, aber auch Hebräisch wurde von den gebildeten Juden gepflegt.

Parallel zu dieser Entwicklung erlebte die bereits erwähnte "Reconquista" einen ersten Höhepunkt. Ein Meilenstein in diesem Prozeß war die Belagerung und die Einnahme der Stadt Toledo durch Alfonso VI. von León zwischen 1081 und 1085. Unter der arabischen Herrschaft war Toledo ein Zentrum jüdischen Geistes und jüdischer Kultur. Dies blieb es, wenigstens teilweise, noch unter den Kastiliern. Der "Kaiser von Toledo" wie Alfonso VI. genannt wurde, übte zwar Druck auf die Juden aus, gestattete ihnen jedoch noch weitgehend die Ausübung ihrer Religion und ihrer Gewohnheiten, sehr zum Mißfallen des Papstes Gregor VII, der ein härteres Vorgehen gegen die Juden wünschte. In seinem Buch "Die Jüdin von Toledo" hat Lion Feuchtwanger dieser Epoche ein eindrucksvolles und sehr lebendiges literarisches Denkmal gesetzt.

Aber die Anzeichen zunehmender Feindschaft gegenüber der jüdischen Bevölkerung mehrten sich nicht nur in den wiedereroberten christlichen Gebieten des Landes, auch im islamischen Teil Spaniens begann ein schärferer Wind zu wehen. Der Vormarsch der Berber aus dem Norden Afrikas und die Eroberung Córdobas, der einstigen Metropole des freien Geistes und der Toleranz, veränderten die Situation der Juden nachhaltig. Die Berber waren Anhänger der fanatischen Almohaden, die sich die religiöse Erneuerung und die Errichtung eines auf einem reformierten Islam basierenden Staates in den Kopf gesetzt hatten. Ihr ganzer Eifer galt der Durchsetzung des "einzig wahren Glaubens" und was lag da näher als in den besetzten Gebieten von al-Andalus alle zu verfolgen, die sich diesem Glauben widersetzten? Die Christen hatten ihre mächtigen Gönner im Norden das Landes, aber die Juden waren die politisch Schwachen und spürten die unnachgiebige Härte der almohadischen Herrscher am nachhaltigsten.

Zwar sollte es noch zwei Jahrhunderte dauern, bis die Juden der gefürchteten Inquisition im christlichen Spanien endgültig zum Opfer fielen, die Sicherheit und die Geborgenheit der großen Zeit des al-Andalus war für sie vorbei. Da verwundert es nicht, daß viele von ihnen begannen, sich nach alternativen Lebensräumen umzusehen. Um 1160 trat Benjamin bar Jona, ein Jude aus Tudela in Navarra, eine Reise durch die Mittelmeerländer und bis nach Persien an, um auszukundschaften, wo und unter welchen Lebensbedingungen die Glaubensbrüder in anderen Gegenden wohnten. Seine berühmte Reiseschilderung, die sich bis zum heutigen Tag erhalten hat, mag seinerzeit viele Juden in Sepharad bewogen haben, das Land zu verlassen und sich in ruhigeren Regionen anzusiedeln (Benjamin von Tudela, 1991). Gegen Ende des 12. Jahrhunderts treten sephardische Juden nicht nur im Orient auf, sondern auch auf dem Balkan und in den nördlichen slawischen Ländern.

Eine kaum zu überschätzende Leistung der Sephardim war ihre Vermittlerrolle zwischen den Kulturen. Für die Kulturgeschichte der Küche bedeutete dies nicht nur die Leistung eines eigenen, originären Beitrages, sondern ebenso die Weitergabe der maurischen Gebräuche und Gewohnheiten an die Christen. In den wiedereroberten christlichen Gebieten von al-Andalus gab es zahlreiche Juden, die, um ihre geschäftliche Basis nicht zu verlieren, freiwillig zum christlichen Glauben übergetreten waren. Später wurden sie sogar dazu gezwungen, wenn sie nicht alles verlieren und auswandern wollten. Diese "conversos" (Konvertierten) spielten eine wichtige gesellschaftliche Rolle im christlichen Spanien. Dank ihrer meist guten Bildung erlangten sie nicht selten hohe Würden in Kirche und Staat. Viele von ihnen haben in alte Adels- und Bürgerfamilien hineingeheiratet. Die "conversos" haben einen Teil ihrer Eß- und Kochgewohnheiten ins neue christliche Leben mitgenommen und an ihre Nachbarn weitergegeben. Ohne diese Juden wüßten wir noch weniger über das maurische Leben, denn alles, was direkt von den Mauren kam, wurde im 16. Jahrhundert streng verfolgt und schließlich systematisch ausgerottet. Den "conversos" verdankt die spanische Küche zu einem nicht unwesentlichen Teil ihren heutigen Charakter.

DER MAURISCHE TRAUM

"Hast Du zwei Dirham, kaufe Dir mit dem einen Brot für den Magen und mit dem anderen Hyazinthen für die Seele". Mit diesem Sprichwort sagten die spanischen Mauren einst wesentlich mehr über sich selbst aus als mit all den buchfüllenden Ereignissen ihrer Geschichte. Die Hälfte des Vermögens für den vergänglichen Duft einer Hyazinthe auszugeben, entspricht einer Lebensauffassung, die in unserer materialistischen Welt kaum mehr auf tieferes Verständnis stößt. Wir sind es gewohnt, fast alles in ein Preis-/Leistungsverhältnis zu setzen; aber was für einen Preis hat eigentlich der Duft einer Blume oder das Bukett eines alten Weines? In der Gegenwart zu leben und an den schönen Dingen Freude zu finden, war ein Charakterzug der Mauren; die wenigen Zeugen ihrer Kultur, die uns durch die Jahrhunderte geblieben sind, drücken dies überdeutlich aus. Wie anders, wenn nicht mit einem ausgeprägten Gefühl für die Gegenwart, ist zu erklären, daß die Nasriden in größter politischer Bedrängnis und ihrem Untergang bereits nahe, ein Bauwerk wie die Alhambra in Granada schaffen konnten?

Das späte Mittelalter mit seinen ideologisch verbrämten Kreuzzügen gegen die sogenannten "Ungläubigen" hat das maurische Erbe aus dem kollektiven Bewußtsein verdrängt, und dennoch ist unsere heutige Kultur untrennbar mit der maurischen verschwägert geblieben. Gelegentlich erinnern uns vage Träume und Sehnsüchte an diesen Teil unserer Herkunft und aus dem

Unbewußten steigen Bilder aus den Märchen vergangener Zeiten empor.

> Fern im Westen, fern vom Palmenland
> Pflanzte ich mir einen Palmenbaum.
> Weit entfernt vom heimatlichen Strand
> Leben wir in einem neuen Raum.

> Mögen du und ich nun immer gut gedeihen
> in dem letzten Winkel dieser Welt.
> Mög die Wolke uns genügend Regen leihen,
> zu dem sich warmer Sonnenschein gesellt.

Dieses Gedicht hat uns jener junge Abd ar-Rahman hinterlassen (zit. nach Jahn, J., 1955), der zum Begründer einer der glanzvollsten Dynastien, die Europa je gekannt hat, werden sollte. Während Abd ar-Rahman noch von seiner ursprünglichen Heimat im Orient träumte, besangen die maurischen Dichter späterer Generationen al-Andalus als ihr ureigenes, geliebtes Land.

> Das Paradies liegt in Al-Andalus.
> Die Tage sind ein Lächeln. Und die Nächte
> Sind Lippen, die sich runden wie zum Kuß.
> Ein jeder Duft ist eine Liebesflechte.
> Wie sehne ich mich nach Al-Andalus.

schrieb Ibn Chafadscha (zit. nach Jahn, J., 1955) im ausgehenden 11. Jahrhundert. In diesen Zeilen schwingt das Bild vom Land, das mit seiner Schönheit die Sinne betört. Vielleicht ist es die Ahnung vom schmerzlichen und selbst verschuldeten Verlust, die uns beim Gedanken an al-Andalus unerwartet melancholisch werden läßt. Der Maure war uns einst so bekannt und so vertraut, daß seine gelegentliche Nähe unter die Haut geht.

Kalte, nasse Tage mit grau verhangenem Himmel gehören in unseren Breitengraden zum Alltag. Was ist es, das diesen kontrastlosen Stunden jene unendliche Tristesse verleiht, die wir Nordeuropäer so gut kennen und die uns entweder zur Arbeit oder zum Träumen anregt? Lehnen wir uns doch einmal zurück, schließen die Augen für Momente und lassen mit Hufeisenbögen zusammengehaltene Säulengänge im gleißenden Sonnenlicht vor uns auftauchen. Ein angenehm kühler Wind streicht durch den Innenhof und verbreitet wohltuende Frische. Das zarte Bukett blühenden Jasmins weht herüber und ein leise murmelnder Brunnen erzeugt meditatives Geräusch. Der Ort strahlt Lebensfreude aus und im Rhythmus seiner Schwingungen schlägt unser Herz. Ein Diener in weiße Tücher und einen Turban gehüllt erscheint und trägt auf einem silbernen Tablett ein mundgeblasenes Trinkgefäß in dem funkelnd das Rubinrot und Lapislazuliblau der gläsernen Intarsien aufleuchten. In ihm befindet sich gekühlter, mit Zimt und Zitronen angerichteter Traubensaft. Das Muskateller-Aroma vermischt sich mit dem exotischen Geruch der Gewürze und dem schwülen Duft des Frühlingsmorgens.

Die Phantasie spinnt weiter, und je nach Lust und Laune trägt sie uns fort, an die Küsten des magischen Morgenlandes und wir erkennen auf einmal: irgendwo hier ganz in der Nähe haben wir tiefe Wurzeln. Von hier stammt ein Teil von uns, hier ist alles bekannt und hier liegt eines der Geheimnisse unserer Jugendzeit mit ihren Märchen und Geschichten. Die kurze Gedankenreise an einem grauen Wintertag ist ein Weg zurück in eine alte Heimat unserer Vorfahren. Zurück in das Land der Mauren, zu einer Kultur, in der auch die Erzählungen aus Tausend und einer Nacht zu Hause waren und in der ständig Farben, Töne und Düfte die Sinne erregten und gefangenhielten. Auf eine unerklärliche Weise kennen wir diese exotische Welt sehr gut und fühlen uns zu ihr hingezogen. Wie die Sehnsucht eines Waisenkindes nach der namenlosen Mutter ist unser Verlangen nach dem alten Traumland.

Im Rokoko und in der Romantik haben Dichter, Maler und Musiker vom Orient geträumt und ihre Schwärmereien in ihrer jeweiligen Kunstform verewigt. Das iberische Morgenland, mit unserem Kontinent jahrhundertelang geographisch und kulturell engstens verbunden, wurde von christlichen Aggressoren im Gefühl maßloser Selbstüberschätzung willkürlich zerstört. Die Mauren und die Juden wurden verjagt, seither plagt uns ein schlechtes Gewissen. Hermann Hesses schöne Novelle von der "Morgenlandfahrt" ist eine Huldigung an die Selbstverwirklichung des Menschen. Das Morgenland, der geheimnisvolle Orient, ist ein Teil unseres eigenen Ichs, das es wieder zu entdecken gilt.

IRDISCHE EBENBILDER DES PARADIESES

Die Liebe zu Gärten aller Art - öffentliche und versteckte private - ist ein andalusischer Charakterzug. Die Anlagen und Patios in Granada, Córdoba, Sevilla, Jerez de la Frontera, Almería und den "Weißen Dörfern" der Provinz Cádiz sind von ihrem Charakter her ganz eindeutig maurischen Ursprungs. Wenn sie der laue Südwind durchweht, der den Duft der afrikanischen Wüste mit sich über das Meer bringt, ertönt das leise, murmelnde Lied der kunstvoll hergebrachten Wasser, die lebensspendend unter üppigem Grün sprudeln, in einer besonderen Tonart. In diesen Momenten offenbart sich der ganze Zauber Andalusiens. Die Araber, die sich in al-Andalus niedergelassen hatten, kamen aus der Wüste und haben daher das Wasser, mit dem sie naturgemäß äußerst sparsam umgehen mußten, besonders verehrt. Ihre großen und kleinen Gärten gerieten, jeder auf seine Weise, zu irdischen Abbildern des erträumten Paradiesgartens. Als "Paradies für die Sinne" bezeichnet Christiane E. Kugel das Konzept des spanisch-maurischen Gartens (Kugel, Ch., 1992). Wasser, dieses für uns so selbstverständliche und immer verfügbare Element, hatte für die Mauren einen mystischen Inhalt. Die Bedeutung des Wassers für den Menschen definiert der große al-Quazwini in seiner Weltbeschreibung von den "Wundern des Himmels und der Erde": "Zu den Wunderdingen, welche die Güte Gottes des Schöpfers hervorgebracht hat, gehört es, daß das meiste, was Er an Speisen und Getränken für den Menschen schuf, zum Essen und Trinken erst dann gut ist, wenn es vorher zubereitet wurde, ausgenommen das Wasser." (Al-Quazwini, 1986). Dies heißt nichts anderes als daß Wasser zu den großen Genüssen gehörte, die Allah den Menschen geschenkt hatte.

Wasser war für die Bäder- und für die Gartenanlagen - zwei wichtige Äußerungen des maurischen Lebensstils - eine unabdingbare Voraussetzung. Bäder waren nicht nur eine Selbstverständlichkeit im Palastbau der Kalifen, Emire und Könige, sondern ebenso eine notwendige soziale Einrichtung der Städte. Auch die Gärten waren ein integraler Bestandteil des Lebensgefühls der Mauren. Die berühmteste Anlage dieser Art befand sich im Kalifenpalast von Medina al-Zahara vor den Toren Córdobas. Von einem luftigen Pavillon, dessen Rundbögen auf zarten Marmorsäulen ruhten, konnte man eine Folge von Gärten und Wasserbecken überblicken, die sich, symmetrisch abgestuft, vor dem Betrachter auf verschiedenen Ebenen ausbreiteten. Leider sind heute nicht mehr als die Grundrisse dieser verzauberten Schloßanlage zu erkennen. Allerdings gibt es einen anderen Höhepunkt maurischer Gartenarchitektur beinahe unverändert zu bewundern: den Generalife auf Granadas Alhambra-Hügel. "Jinnah al-Arif" bedeutet sinngemäß "der Garten des Erhabenen" oder "der vornehmste aller Gärten" (Grabar, O., 1981) und was sich hier vor unseren staunenden Augen ausbreitet, entspricht im Charakter noch ganz und gar dem, was zur Maurenzeit an dieser Stelle war. Es war der Sommergarten der Könige von Granada und wie überall, wo vermögende Muselmanen ihr irdisches Zuhause gestalteten, fand ihre meditative Weltbetrachtung

Ausdruck in Blumendüften und der leisen Melodie flie-
ßenden Wassers. Der Bau dieses gärtnerischen Wunders
wurde erst möglich, als man über komplizierte Aquä-
dukte Wasser von der mit ewigem Schnee bedeckten
Sierra Nevada heranholte - ein Aufwand, den Gartenar-
chitekten anderer Zeiten und Völker sicher gescheut
hätten. Theophile Gautier, der Vorreiter romantischer
Reiseberichte hinterließ uns eine suggestive Beschreibung der Gärten des Generalife: "In der Mitte eines der
Bassins entfaltet sich wie ein riesiger Korb ein üppiger
Oleander von unerhörter Pracht. Zu der Zeit, als ich ihn
sah, wirkte er auf mich wie eine Explosion von Blumen,
wie eine Garbe eines Feuerwerks aus Blüten: eine herrliche, lebhafte Frische, fast tosend, wenn man dieses Wort
auf Farben anwenden darf, so daß der tiefste Purpur fahl
dagegen erschienen wäre. Seine schönen Blüten schossen
mit aller Glut des Verlangens empor zum reinen Blau des
Himmels; seine edlen Blätter, welche die Natur mit Vor-
bedacht als Rosenlorbeer zur Begrenzung des Ruhms
erschuf, wurden von dem feinen Wasserstaub der Fontä-
nen besprüht und glitzerten wie Smaragde in der Sonne.
Nichts hat jemals in mir ein intensiveres Schönheitsemp-
finden geweckt als dieser Oleander des Generalife."
Nach diesem Gefühlsausbruch, der in seiner romanti-
schen Übertreibung beinahe schrill wirkt, fährt Gautier
fort: "Das Wasser erreicht die Gärten über eine steile
Kaskade, deren Seiten durch kleine Mauern bewehrt sind
und deren Bett aus großen Hohlziegeln besteht, über die
sich der Bach unter freiem Himmel mit munterem Gemurmel hinabstürzt. Auf jeder Stufe steigen kräftige
Wasserstrahlen aus der Mitte kleiner Sammelbecken auf

und schicken ihre kristallenen Pfeile hinauf in das dichte Blattwerk der Lorbeersträucher, die sich über ihnen verflechten. Der Bergriese allenthalben; mit jedem Schritt stößt man auf eine Quelle, und ständig hört man neben sich das Gemurmel irgendeines verirrten Wasserlaufs, der schließlich einen Springbrunnen speisen oder einem Baum Frische spenden wird. Die Araber haben die Kunst der Bewässerung zur höchsten Vollkommenheit entwickkelt; ihre hydraulischen Anlagen bezeugen eine weitfortgeschrittene Zivilisation und bestehen noch heute. Ihnen verdankt Granada, das Paradies Spaniens zu sein und sich eines ewigen Frühlings unter afrikanischen Temperaturen erfreuen zu dürfen" (Gautier, Th., 1981).

Wasser war das Zauberwort, das viele maurische Dichter beflügelte. Dem Wasser wurde immer wieder gehuldigt, so besang es zum Beispiel Ibn Chafadscha aus Granada (zit. nach Jahn J., 1955):

Dort, wo das Wasser wie ein lächelnd Grübeln war,
Ließ ich mich nieder.
Da fuhr der Frühwind in des Hügels Blütenhaar,
Und feiner Regen glitt den Bäumen ins Gefieder.

Dem Wasser in Form des Regens wurden viele Gedichte gewidmet, z.B. vom Lyriker Ibn Razin (zit. nach Jahn J., 1955):

Oft trägt mein Garten ein Gewand aus dünnem Regen
ein Streifenkleid aus vielen großen Netzen.
Dann pflegen wir nur einen Wunsch zu hegen:
uns auszuruhen und uns hinzusetzen.

Auch die Dichterin Hamada (zit. nach Jahn, J., 1955) schwärmt vom Regen als Frischespender:

Als die Hundstagshitze glühte,
Schenkte uns ein kleines Tal Genüsse:
Eine dicke schwarze Wolke sprühte
Wunderkühle Regengüsse.

Wasser war auch im privaten Bereich des maurischen Bürgertums von immenser Bedeutung. Alle größeren Häuser hatten einen Patio, in dessen Mitte ein kleiner Brunnen stand und für Kühle und meditatives Geräusch sorgte. Hier war das soziale Zentrum der Wohngemeinschaft, hier traf man sich zu den Mahlzeiten, hier wurde sogar gekocht und hier wurden auch die Gäste empfangen. Die großartigen Innenhöfe der späteren andalusischen Herrenhäuser haben ihren direkten Ursprung in dieser maurischen Lebensgewohnheit.

Auch in den maurischen Krankenhäusern befanden sich in den Innenhöfen große Wasserbecken. In Granada wurde der alte "Bimaristan", das weltberühmte Lehrkrankenhaus der Mauren, leider 1843 abgerissen, aber es existiert noch ein Gebäude aus der gleichen Zeit, dessen architektonische Gestaltung der des alten "Bimaristan" sehr ähnlich ist. Der "Corral del Carbón" ist die einzige noch erhaltene, maurische Karawanserei auf spanischem Boden. Sie diente als Warenlager und Unterkunft für Reisende und Pilger, also einem Zweck, der im Mittelalter auch bei den Mauren sehr eng mit den Hospitälern verknüpft war. Später, im 16. Jahrhundert, wurden hier die Kohlenhändler untergebracht, die dem Haus seinen heutigen Namen gaben (carbón = Kohle). Man betritt den "Corral del Carbón" durch einen prächtigen, hufeisenförmigen und mit maurischen Ornamenten übersponnenen Torbogen. Drei Stockwerke umgeben den Innenhof, in dem sich, wie einst auch im "Bimaristan", das zentrale Wasserbecken mit zwei Springbrunnen befindet (Hilgard, P., 1992).

Diese Brunnen hatten eine zweifache Bedeutung: zum einen dienten sie als Waschbecken, zum anderen übte das kühle Wasser eine klimatisierende Wirkung aus, die insbesondere in den trocken-heißen Sommermonaten den Reisenden bzw. den Kranken Linderung verschaffte. Die ganz spezielle Forderung nach gesunder Luft in Hospitälern geht auf den persischen Arzt Rhazes zurück, von dem die Legende besagt, daß er, um einen geeigneten Platz für sein Krankenhaus zu finden, frische Fleischstücke an verschiedenen Orten auf Pfähle gesteckt habe. Dort wo das Fleisch zuletzt faulte war die Luft am gesündesten und hier baute er schließlich sein Krankenhaus. In der Vorstellung der Mauren waren Brunnen und größere Wasserflächen, durch die frisches Wasser floß, eine ständige Quelle guter Luft (Brandenburg, D., 1992).

DIE MAGIE DER LIEBE UND MYSTISCHE ERFAHRUNGEN

Wer als Gast Andalusien besucht, dem erscheint vieles dort zunächst unverständlich und fremd. Dennoch beginnt er nach kurzer Zeit eine seltsame Vertrautheit zu spüren. Hier trifft er auf Menschen, in deren Gesichtern die stille Trauer um den Verlust eines Schatzes aus der Maurenzeit oder des Landes Sepharad steht. Eines aber haben sie in den Jahrhunderten nicht verloren: ihre Fähigkeit zu genießen und dabei alle Sinne ganz und gar einzusetzen.

Wirf Dich aufs Leben wie auf eine Beute
Dem Adler gleich im Sturz.
Denn, wenn es Dich selbst tausend Jahre freute,
Es wäre doch zu kurz.

So hatte der Poet al-Mu'tamid aus al-Andalus einst gedichtet (zit. nach Jahn, J., 1955) und damit seinen Landsleuten aus der Seele gesprochen.

"Die Liebe verwandelt die Wüste in einen duftenden Blumengarten". Dieses maurische Sprichwort läßt auf die Phantasie und die Intensität schließen, mit der dieses Volk der Liebe gehuldigt hat. Die drei großen Religionen, die dort über Jahrhunderte friedlich nebeneinander existierten, brachten jede für sich eine besondere Mystik, d.h. eine Art des ganz unmittelbaren Erlebens Gottes, hervor. Im Juden- und Christentum sowie im Islam fand das mystische Denken jeweils seinen ganz charakteristischen Ausdruck. Gemeinsam war der Mystik aller drei iberischen Religionen, daß die Liebe immer im Zentrum stand. Die Mystik war in al-Andalus schon so etwas wie eine Grundform universellen religiösen Empfindens geworden. Das unmittelbare, meist rauschhafte Erleben Gottes führte zu einer gefühlsbetonten und äußerst sinnlichen Erfahrung, in der wir einen noch heute vorherrschenden Charakterzug der Andalusier erkennen können. Die andalusischen Mystiker fußten im Diesseits, ihnen waren die Genüsse des Lebens nicht unbekannt, obwohl sie, wie z. B. Ibn al-Arabi, gelegentlich ein äußerst asketisches Leben führten.

Im sephardischen Kulturkreis von al-Andalus waren es Jehuda ha-Levi (1080-1141) aus Toledo und sein Gegenpol, der große Philosoph Moses Maimónides (1135-1204) aus Córdoba, die die gedanklichen Begründer einer jüdischen Mystik waren. Ihre Werke führen uns direkt zu der geheimnisvollen Kabbala, einem schwer verständlichen theosophischen System, dessen Einfluß auf die Geisteswelt des Orient und Okzident jedoch bis heute unvermindert anhält.

"Oh, Stadt der Welt, du schön in holdem Prangen,
Aus fernem Westen sieh' mich nach dir bangen,
Oh, hätt' ich Adlers Flug, zu dir entflöge ich,
Bis deinen Staub ich netz' mit feuchten Wangen."

Mit diesen gemütvollen Worten, die den biblischen Psalmen nachempfunden sind, drückt ha-Levi seine

Sehnsucht nach Zion aus (zit. nach Graetz, H., 1985). Sie verraten den großen Dichter, dessen volksnahe Poesie zu den schönsten lyrischen Schöpfungen des al-Andalus gehört. Schon in seiner Jugend war Jehuda ha-Levi als Verfasser von Liebesliedern bekannt. Im südlichen Granada besang er die Gazellenaugen seiner Geliebten, ihre Rosenlippen und ihr Rabenhaar. Er seufzte über ihre Untreue und über die Wunden, die sie in seinem Herzen geschlagen hatte. Heinrich Graetz, Verfasser der noch immer sehr lesenswerten "Volkstümlichen Geschichte der Juden" schrieb Ende des 19. Jahrhunderts über den jungen ha-Levi: "Seine Liebeslieder atmen jugendliches Feuer und raschen Flug. Der südliche Himmel spiegelt sich in seinen Versen, auch die grünen Matten, die blauen Flüsse. Seine Jugendpoesie trägt schon den Stempel künstlerischer Vollendung, reicher Phantasie und schönen Ebenmaßes, Glut und Lieblichkeit."

Fast gleichzeitig mit ha-Levi lebte Ibn al-Arabi, ein maurischer Rechtsgelehrter, Theologe und Philosoph aus Murcia. Von seiner Geburtsstadt zog er nach Sevilla, wo er sich über 30 Jahre lang mystisch-religiösen Spekulationen widmete. Berühmt wurde sein "Dolmetscher der Sehnsüchte" (Tarjuman al-ashwaq), eine erotische Gedichtsammlung. Auf der Pilgerreise nach Mekka traf er auf die junge hübsche Tochter des Scheich Mukinuddin. An ihr entzündete sich das "Feuer der Liebe", aber anstatt die Angebetete anzusprechen, schrieb er ihr unzählige Gedichte. Noch heute reihen sich diese unter die Juwelen islamischer Lyrik ein.

Ibn al-Arabi hat uns einen wunderschönen Vers hinterlassen, in dem er sich zum Advokaten religiöser Toleranz macht und damit ein nuancenreiches Bild der Gesellschaft des al-Andalus zu seinen Glanzzeiten zeichnet (zit. nach Schimmel, A., 1992).

"Mein Herz ward fähig, jede Form zu tragen,
Gazellenweide, Kloster wohlgelehrt,
ein Götzentempel, Kaaba eines Pilgers,
der Thora Tafeln, der Koran geehrt:
Ich folg' der Religion der Liebe, wo auch
ihr Reittier zieht, hab' ich mich hingekehrt."

Dieser Mitbegründer des Sufismus, einer wichtigen Spielart der islamischen Mystik, betete in der Liebe zu Gott auch die kosmische Urgewalt, den Eros, an. Die Form, die Ibn al-Arabi seiner Poesie gab, war in al-Andalus schon lange vor ihm gut bekannt. Das maurische Liebeslied wurde von Ibn al-Arabi perfektioniert und in die östlichen Länder des Islam getragen. Schließlich eroberte es sich auch einen festen Platz im christlichen Europa. Provençalische Ritter lernten die Verse kennen und begannen in ähnlicher Weise ihre eigenen Minnelieder zu dichten. Von dort war es kein weiter Weg mehr zu Walther von der Vogelweide und den mittelhochdeutschen Minnesängern.

"Oh ihr Tauben, die ihr mich umflattert, habet
Mitleid mit mir! Verdoppelt meine Sehnsuchtschmerzen
nicht durch euer klagendes Girren!

Habet doch Erbarmen! Locket durch euer lautes Klagen und Weinen nicht die verborgenen, in den Tiefen meiner Natur wurzelnden Gefühle der heftigsten Sehnsucht und Trauer hervor!"

Auch das ist die Poesie des großen Ibn al-Arabi (zit. nach Jockel, R.,1981). Die Taube war nicht nur das Zeichen der göttlichen Erleuchtung und des Friedens. Die Taube war auch Symbol der Liebe, sie war Bacchus und Adonis, dem Wein und der männlichen Schönheit sowie der Venus, der Göttin der Sinnenlust geweiht. Kein Zweifel, daß Ibn al-Arabi auf diese Zusammenhänge anspielte, als ihn die Schmerzen der Sehnsucht nach irdischen Freuden plagten!

Obwohl bereits voll im späteren christlichen Andalusien verhaftet, möchte ich an dieser Stelle einen der größten christlichen Mystiker erwähnen, denn auch er hat viel von der maurisch-jüdischen Gedanken- und Gefühlswelt übernommen und uns verständlich gemacht. San Juan de la Cruz, oder Johannes vom Kreuz, war ein Schüler und inniger Verehrer der heiligen Theresa von Ávila. Er war ein großer Kenner der menschlichen Seele und einer der größten Dichter in kastilischer Sprache. Er kannte und verehrte die Werke des Jehuda ha-Levi, Maimónides und Ibn al-Arabi.

Andalusien wurde ihm zur zweiten Heimat. Von 1582 bis 1588 war er Prior des "Convento de Carmelitas Descalzadas", des Klosters der unbeschuhten Karmeliterinnen in Granada. Juan de Yepes y Alvarez, wie sein bürgerlicher Name lautete, kam im Januar 1582 in der andalusischen Stadt an. In seinem Gefolge befanden sich die Ordensschwester Ana de Jesús, eine Vertraute der Theresa von Ávila, und sieben weitere Karmeliterinnen.

An der Puerta de Elvira, dem ältesten maurischen Stadttor Granadas und nur einige Meter vom ersten Karmeliterkloster entfernt, lebte in jenen Jahren von der Geschichte vergessen und übergangen, eine alte moslemische Betschwester, die versuchte, die Lehren des großen Sufi-Mystikers Al-Gazzali weiter zu entwickeln. Ihre Gedanken kamen erst lange nach ihrem Tod mit ihren wiedergefundenen Aufzeichnungen ans Tageslicht. Es ist nicht bekannt, ob Juan de la Cruz sie während seines Aufenthaltes in Granada kennengelernt hat, aber es wäre eine historisch mögliche und inhaltlich plausible Begegnung gewesen. Fast ein Jahrhundert nach dem Sieg der Christen über die Mauren hat vielleicht doch noch einmal ein Dialog zwischen zwei Vertretern der beiden Religionen stattgefunden, der unsere Geistesgeschichte beeinflußt hat. Johannes vom Kreuz hat sich mit seinen Schriften einen festen Platz in der Weltliteratur erobert. Seine beiden Hauptwerke "Dunkle Nacht der Seele" (Noche Escura del Alma) und "Aufstieg zum Berge Karmel" (Subida al Monte Carmelo) atmen andalusischen Geist (Juan de la Cruz: Noche Escura del Alma, zit. nach Kindlers Literatur Lexikon, 1974):

"Da stand ich still und vergaß mich selbst,
das Antlitz neigt' ich über den Geliebten,
alles erlosch und ich überließ mich,
ließ mein Sehnen
unter den Lilien vergessen sein."

Vergessen wir nicht, daß in der christlichen Symbolik die Lilie für die Keuschheit stand; dies macht den Sinn dieses Gedichtes erst transparent. Dem großen Dichter und Ordensbruder war die Sprache der weltlichen Gefühle ebenso bekannt wie sie Ibn al-Arabi geläufig war. "Fray Juan", wie Juan de la Cruz von seinen Schülerinnen und Schülern genannt wurde, vermochte mystisches Erleben, das dem normalen menschlichen Fassungsvermögen nicht zugänglich ist, mit gewaltiger dichterischer Kraft mitzuteilen. Zwischen ihm und Ana de Jesús müssen zeitlebens enge und zarte Bande bestanden haben. Sicher hat sie ihn zu vielen seiner Gedichte inspiriert. Sie überlebte ihn um dreißig Jahre und starb 1621 in Brüssel, dem letzten Rest der spanischen Niederlande, wo man zu dieser Zeit mit größter Besorgnis auf den Freiheitskampf der benachbarten Holländer sah. Neue Zeiten waren angebrochen, der Protestantismus war auf dem Vormarsch; mit dem katholischen Spanien verblaßten nun langsam auch die großen Mystiker der Iberischen Halbinsel und mit ihnen die jüdisch-maurische Gefühlswelt.

Dennoch scheint etwas von der Tradition der jüdischen, islamischen und christlichen Mystik in Andalusien fortzuleben. Die Inbrunst, mit der die Menschen in diesem Landstrich Europas gelegentlich an Wunder glauben oder der Ernst, den sie gegenüber übernatürlichen Dingen aufbringen, spiegelt die Sehnsucht der Mystiker des späten Mittelalters wider, das Göttliche ganz in ihre eigene Erfahrungswelt zu bringen. Ich erinnere mich, als ich eines Tages um die Mittagszeit in Granada ankam und vor der Kirche von San Juan de Dios in einen riesigen Menschenauflauf geriet. Die Straße war total verstopft, der Verkehr völlig lahmgelegt und Tausende von Menschen drängten in das Gotteshaus. Auf die Frage, was denn wohl los sei, erwiderte mir ein Passant, ob ich nicht gehört hätte, daß die Mutter Gottes in der Kirche letzte Nacht schwarze Tränen geweint habe. Drei Tage dauerte die Veranstaltung, dann ließ ein hoher Würdenträger verlauten, daß man von seiten der Kirche ein Wunder ausschließe. Doch die Granadiner ließen sich durch vordergründige naturwissenschaftliche Erklärungen nicht abbringen, sie pilgerten noch tagelang zur Jungfrau von San Juan de Dios, um das Leid der Welt mit ihr zu teilen.

EROTIK, EIN UNABDINGBARES KOMMUNI-
KATIONSMITTEL

Bleiben wir noch bei der Liebe, nicht bei der göttlichen sondern bei der ganz menschlichen. Erotik hatte bei
den Mauren eine völlig andere Qualität als bei den späteren christlichen Eroberern und ihren Nachfahren. Sie war
eine kultivierte Sexualität, die offen und ohne Hemmun-
gen ausgelebt werden konnte. "Erlaubt ist Euch, zur
Nacht des Fastens Eure Frauen heimzusuchen. Sie sind
Euch ein Kleid und ihr seid ihnen ein Kleid" heißt es in
der zweiten Sure (183) des Korans. Gelegentlich wird
"Kleid" auch mit "Vergnügen" übersetzt, was die eigentliche Botschaft noch wesentlich deutlicher macht. An
einer anderen Stelle (223) der gleichen Sure heißt es
noch "Eure Frauen sind Euch ein Acker. Gehet zu Eurem
Acker, wann immer es Euch gefällt; aber zuvor fürchtet
Allah und wisset, daß ihr ihm begegnen werdet." Der
Sexualität waren im frühen Islam viele Ausdrucksfrei-
heiten belassen worden, und an ihr war nichts Sündhaf-
tes. Sie war weitgehend losgelöst von der dumpfen Ge-
schlechtlichkeit, die ausschließlich der Sicherung der
Nachkommen diente. Ibn al-Wassa zitiert im 9. Jahrhundert einen, namentlich nicht bekannten, zeitgenössischen
Dichter zu diesem Thema (zit. nach Ibn al-Wassa, 1984):

Nichts andres kann die Liebe sein als Küsse,
    als zartes Streicheln über Händ' und Arme!
Manchmal ist sie Zauberei in Briefen,
    die ihre Wunderwirkung nie verfehlt.
Nichts andres kann die Liebe sein als dieses,
    entjungfert ist sie falsch und schnell verdorben!
Wer diese Liebe nicht für sich erkoren,
    der will nur Kinder, für den Stamm geboren!

Man muß sich den Kontrast dieser Einstellung zur Moral der christlichen Zeitgenossen vor Augen halten, um ermessen zu können, wie anders die frühe islamische Gesellschaft mit der Sexualität umging. In der Beziehung der Geschlechter zueinander hielt man sich in den ersten Jahrhunderten von al-Andalus an die 5. (7) Sure des Korans, wo es heißt: "und erlaubt sind euch zu heiraten züchtige Frauen, die gläubig sind, und züchtige Frauen von denen, welchen die Schrift vor euch gegeben ward, so ihr ihnen die Morgengabe gegeben habt und züchtig mit ihnen lebt ohne Hurerei und keine Konkubinen nehmt." Im Klartext bedeutete dies, daß es dem Muslim erlaubt war, Christinnen und Jüdinnen zu heiraten und, daß im westlichen Islam die Monogamie - entgegen den späteren Entwicklungen im Orient - die von Allah vorgegebene Form der Ehe war. Mit der ehelichen Treue nahm man es allerdings, ähnlich wie mit dem Alkoholverbot, nicht immer ganz genau.

Erotik war die wichtigste Art der Kommunikation zwischen den Geschlechtern, sie war daher in al-Andalus überall und immer gegenwärtig. Die Künste, von der

Literatur über die Architektur bis zur Gastronomie, huldigten ihr jahrhundertelang ebenso wie die Bekleidungs- und Kosmetikindustrie. Wir werden im Laufe der Betrachtungen über maurische Sinnlichkeit immer wieder auf dieses Thema zurückkommen, denn es ist von zentraler Bedeutung für das Verständnis des Lebensgefühls dieser Menschen. Sigmund Freud hat auf den Zusammenhang von Sexualität und Essen hingewiesen. Etwas simplifiziert ausgedrückt behauptet er, die Lust am Essen signalisiere sexuelle Lust. Erklärt wurde dieser Kausalzusammenhang über ein komplexes Gedankengebäude, in dem die verlängerte "Oralphase" eine wichtige Bedeutung hatte. Daß "Liebe durch den Magen geht", war auch vor Freud bereits eine weit verbreitete Erkenntnis, und die Mauren haben dies jahrhundertelang vorgelebt.

Die Erotik in al-Andalus war eng an das Frauenbild des frühen Islam gebunden. Jene islamische Gesellschaft, die Frauen im Harem hielt und ihnen in der Öffentlichkeit das Tragen von Schleiern auferlegte, entstand erst später im östlichen arabischen Reich unter dem Einfluß Persiens. In der 30. Sure (20) des Korans geht der Prophet auf die Liebe und Barmherzigkeit zwischen den Geschlechtern ein und in vielen anderen Aussagen wird deutlich, daß Respekt und gegenseitige Anerkennung ein Grundprinzip der Einstellung Mohammeds zu den Frauen war. Er selbst umgab sich mit selbständigen und selbstbewußten Frauen. Allen voran stand seine Lebensgefährtin Aischa, die nach seinem Tode half, seine Lehren zu verbreiten und verständlich zu machen. Die Gesellschaft von al-Andalus baute ihr Frauenbild auf eben jener frühislamischen Freiheit und Großzügigkeit auf. Die omaijadische Tradition von Damaskus, die die liberale Lebensauffassung des Propheten noch unverändert vertrat, wurde von den Kalifen in Córdoba vorbehaltlos übernommen. Nur langsam gewannen auch in Andalusien die neuen frauenverachtenden Gesellschaftsformen des Orients eine gewisse Bedeutung. Aber die Mauren hatten dabei von Anfang an ein schlechtes Gewissen gegenüber ihren Partnerinnen, die ihnen früher immer gleichberechtigt waren. Als Konsequenz daraus wurde die Frau von ihnen idealisiert und in der Poesie zu einem gottähnlichen Geschöpf stilisiert.

Häufig waren es Ärzte, Theologen, Philosophen oder andere Geisteswissenschaftler, also jene, die auf den Hochschulen gelernt hatten sich auszudrücken, die in al-Andalus über die Liebe schrieben. Ein sehr prominentes Beispiel dafür ist der gebürtige Cordobeser Ibn Hazm, der andalusische Ovid aus dem 11. Jahrhundert. Er stammte aus einer alteingesessenen gotischen Adelsfamilie, erst seine Großeltern waren zum Islam übergetreten. Sein Vater war Wesir am Hofe Hischams II. und er selbst Wesir des Kalifen Abd-ar-Rahman V. Mit dem Schicksal seines Herren wendet sich auch sein Glück: nach der Ermordung des Kalifen endet er im Staatsgefängnis. Nach seiner Freilassung entsagt er der Politik und widmet sein Leben der Dichtung und der Philosophie.

Ibn Hazm soll über 400 Werke verfaßt haben. Vieles davon ist leider verloren gegangen, erhalten hat sich aber sein 1022 entstandenes Werk "Tauq al-hamama" oder "Das Halsband der Taube", ein Buch über die Liebe und die Liebenden. Darin beschreibt er unter anderem wortgewaltig die Unterwürfigkeit des Mannes gegenüber der Geliebten, eine Thematik, die fast allen andalusischen Liebesgedichten zugrunde liegt: "Ich habe den Teppich von Kalifen betreten und den Versammlungen von Königen beigewohnt, ich habe aber keine Ergebenheit erlebt, die der eines Liebenden vor seiner Geliebten gleicht. Ich bin dabei gewesen, als sich Leute vor Sultanen entschuldigten und als Menschen der schwersten Verbrechen bezichtigt wurden, aber ich habe niemanden sich tiefer erniedrigen sehen als einen irrsinnig Verliebten angesichts einer zürnenden Geliebten, die von Groll erfüllt und von Unfreundlichkeit beherrscht ist" (zit. nach Heller, E., 1992). So beschreibt er die Vergötterung der Frau durch die herrschende Männergesellschaft. Später haben die Troubadoure und Minnesänger diese Einstellung der Frau gegenüber aufgegriffen und im europäischen Norden verbreitet (Vernet, J., 1984).

Die Poesie eines anderen Andalusiers, Ibn Saidun, war ein Beispiel für unzählige andere Dichter jener Tage. Seine Geliebte betet er an (zit. nach Hunke, S., 1991):

"Sei hochmütig, ich werde es ertragen.
Sei stolz, ich werde es erdulden.
Überhebe dich, ich werde mich fügen.
Wende dich ab, ich werde mich dir zuwenden.
Sprich, ich werde zuhören.
Befiehl, ich werde gehorchen."

Der bereits erwähnte Ibn Hazm stilisiert die Frau gar in göttliche Nähe (zit. nach Jahn J., 1955):

"Bist du ein Engel oder bist du Fleisch und Bein?
Es fällt mir schwer, dein Wesen zu erklären:
Mein Blick sieht deinen Leib. Doch denkend seh ich ein:
Du mußt ein Wesen sein aus höheren Sphären."

Andere Dichter, wie z.B. al-Mu'tamid aus dem Córdoba des 11. Jahrhunderts waren etwas erdnäher in ihrer Ausdrucksart, ohne allerdings ihre männliche Untergebenheit in Frage zu stellen (zit. nach Jahn J., 1955):

"Du lasest einen Brief von mir.
Wie sehr ich ihn beneide!
Oh, wär mein Körper das Papier
Zu deiner Augenweide."

Beim Versuch der Analyse der männlichen Unterwürfigkeit in al-Andalus drängen sich die Gedanken Sigmund Freuds wieder auf. Wie er schrieb, hat der Mann ein sehr ambivalentes Verhältnis zur Frau. Einerseits soll sie ihm die große Hure sein, die für uneingeschränkte Triebbefriedigung zur Verfügung steht. Auf der anderen Seite soll sie die makellos reine Angebetete sein, die er verehren, aber nicht "benutzen" darf.

Wenn man dies tatsächlich als eine naturwissenschaftliche Einsicht anerkennt, wird ebenso erklärbar, warum die Prostitution gerade in jenen Zeiten der literarischen Hochstilisierung eines Frauenideals eine Blütezeit in al-Andalus hatte. Die heterosexuelle Prostitution war ganz offensichtlich in dieser Gesellschaft, in der voreheliche Sexualität sozial kaum akzeptiert und die Haremsidee noch nicht geboren war, ein "Schutzventil", um das tugendsame Reinheitsideal der Frau aufrechtzuerhalten.

So landeten wir hier im Wachlokale
Der Wein ist gut. Die Fässer stehen offen.
Kumpane, packt die Mädchen, die ich zahle!
Ich bin zu gleichem Tun ein wenig zu besoffen.

Dies dichtete der andalusische Poet Abu Dscha'far im 12. Jahrhundert (zit. nach Jahn J., 1955) und beschrieb damit völlig ohne Scham die Normalität der Prostitution in seinem Lande. In seinen Zeilen schwingt nicht der leiseste Hauch von Kritik an den käuflichen Mädchen oder jenen, die sie kaufen. Sklavinnen waren in al-Andalus sehr häufig Konkubinen, die es auch zu gesellschaftlichem Status brachten. Eine Stufe höher standen die Musik-, Tanz- und Gesangssklavinnen. Sie wurden meist mit viel Aufwand in den Künsten ausgebildet und waren, dank ihrer Bildung, außerordentlich begehrte Kurtisanen bei Hofe oder in Adelskreisen. Ihnen wurden viele Freiheiten gelassen, zumindest in Bezug auf ihre Liebesverhältnisse.

Abu Bakr al-Mahzumi war ein blinder Dichter aus Hisn al-Mudaw-war (Almodóvar) bei Córdoba, von dem gesagt wurde, er sei einer der schlagfertigsten und scharfsinnigsten Wortfechter seiner Zeit gewesen. Der Wesir Ibn Said von Granada lud den Poeten eines Tages zu einem Fest ein, auf dem sich auch die berühmte

Dichterin und Kurtisane Nazhan eingefunden hatte. Aus den Aufzeichnungen des Wesir erfahren wir, daß der Duft von Ambra, Aloe und Blüten den Abu Bakr so erregt haben muß, daß er spontan eine Lobeshymne auf das gute Leben verfaßte. Seine sehr anzügliche Wortwahl brachte Nazhan in Rage, sie gab nun ihrerseits eine Kostprobe ihres dichterischen Könnens und beschimpfte den Poeten in Versen. Schließlich mußte der Gastgeber schlichtend eingreifen und die beiden wieder versöhnen. Diese kleine Geschichte zeigt deutlich, zu welcher gesellschaftlichen Stellung und Freiheit Frauen in al-Andalus gelegentlich aufrücken konnten. Dabei ist die erotisch-sexuelle Komponente in ihrem Verhältnis zur Männerwelt nie verloren gegangen. Die Kurtisane war - im Gegensatz zur angebeteten Geliebten - die Kumpanin, die die Sprache der Männerwelt sehr gut verstand. Nazhan drückte dies - nach Ibn Said - so aus:

"Bin ich dem Leibe nach ein Weib,
so bin ich doch im Dichten Mann!"

Der Arzt Ibn Butlan hinterließ uns in seinen Schriften u.a. auch die Ansichten eines erfahrenen Sklavenhändlers über die Qualitätsmerkmale seiner Handelsware: "Die ideale Sklavin ist ein Berbermädchen, das im Alter von neun Jahren aus ihrem Heimatland exportiert wird, drei Jahre in Medina und drei Jahre in Mekka verbringt und mit fünfzehn nach dem Irak kommt und dort den Schliff der Bildung erhält. So vereinigt sie dann in sich die Vorzüge ihrer Rasse, die Erscheinung einer Frau aus Medina, die weibliche Anmut der Frau aus Mekka und die Kultiviertheit der irakischen Frau." Diese Darstellung verrät einiges über die gesellschaftliche Stellung der Sklavinnen in der islamischen Welt des Mittelalters und zeigt paradoxerweise wieder die Verehrung der Frau als einer Person, zu der der Mann, selbst wenn sie gesellschaftlich von niedrigstem Rang ist, aufblicken möchte.

Ibn al-Wassa, der in seinem "Buch des buntbestickten Kleides" eine Anleitung zur feinen Lebensart gibt, rief aus: "Wisse! Liebe darf nicht mit lasterhafter Begierde verbunden sein. Wenn nämlich die wahre Liebe mit einer solchen Begierde vermischt wird, werden ihre Kräfte schwach, und ihre Bande werden bald gelöst sein. Leute von dieser Art wollen nichts als Obszönitäten!" Und als Beispiel eines solchen verwerflichen, sinnlichen Liebesgenusses führt er die Verse eines Kollegen an (zit. nach Ibn al-Wassa, 1984):

Die Liebe ist ein probates Mittel,
für sie gibt es keine Arzenei,
es sei denn, man umarmt die Geliebte
und deckt ihre Blöße auf.
Der genießt erst recht die Liebe,
der den Liebesbiß vollführt!
Der fühlt erst Genuß und Wonne,
der die prallen Brüste spürt!
Brust an Brust zusammenliegen,
fest gepreßt ist Leib an Leib -
das erst ist der Liebe Wonne,
auf Polstern, schöner Zeitvertreib!

Derartige Gedichte gab es zuhauf, sie waren in al-Andalus außerordentlich beliebt, sie beschrieben das eigentliche Gegenteil von dem, was der edle Liebhaber von seiner Angebeteten wünschte, bzw. zu wünschen glaubte.

Während für die Muselmanen die Prostitution offenbar eine wichtige soziale Funktion einnahm, war sie bei den Juden offiziell verpönt. Obwohl nicht weniger lebenslustig als ihre islamischen Mitbürger, waren sie in dieser Hinsicht wesentlich strenger. Der sexuelle Verkehr mit einer Sklavin, der vom Koran ausdrücklich gestattet wird, ist im Talmud verboten und wird unter Strafe gestellt. Trotzdem wissen wir auch von jüdischen Prostituierten in al-Andalus, aber es war sicher für einen jüdischen Freier einfacher, ein maurisches als ein jüdisches Mädchen zu finden, bei dem er sich Liebe kaufen konnte.

Daß die Männer gelegentlich unter dem idealisierten Frauenbild litten, beweist folgendes Gedicht von Ibn al-Farra, einem andalusischen Poeten aus dem 12. Jahrhundert:

"Wenn du mich in deiner stolzen Weise
Nicht mal küssen lässest deine Wangen,
Sag, wie kannst du dann von mir verlangen,
Daß ich rühmend deine Schönheit preise?"

Aber auch die Frauen wünschten sich von Zeit zu Zeit einen Mann, der zum wirklichen Liebhaber tauglich war und nicht nur schmachtende Worte und Gebärden von sich gab. Voll Sehnsucht nach dem tatsächlichen Mann schrieb Hafsa, Dichterin und Erzieherin der Haremsfrauen am Hofe von Granada, gegen Ende des 12. Jahrhunderts (zit. nach Jahn, J., 1955) an ihren Liebhaber:

"Wirst Du nun kommen oder soll ich dich besuchen?
Mein Herz ist so geneigt, dir alles zu erfüllen.
Mein frühlingssüßer Mund will deine Küsse buchen,
Mein wehend Haar will schattig dich umhüllen.

Mög dir die Hitze großen Durst bescheren:
Ich kann zur Mittagsruh zu deinem Lager kommen.
Gib eilig Antwort, Liebster. Sehnsucht mög dich lehren,
Daß Stolz und Kühle dir in keiner Weise frommen."

Dieses Schriftstück wirft ein bezeichnendes Bild auf eine, - vermutlich kleine - Gruppe sexuell emanzipierter Frauen von al-Andalus. Sie forderten ihr Recht in der Liebe und ordneten ihre Lust nicht einem männlichen Diktat unter. Ganz nebenbei erfahren wir im Gedicht der Hafsa, daß die berühmte spanische "siesta", jene "Mittagsruh" die ein eigenständiger Abschnitt des Tagesablaufes ist, bereits bei den Mauren existierte. Die Poetin bietet ihrem Liebhaber an, diese Stunden zu einer erquickenden Zweisamkeit zu nutzen. Kann man den Sinn der Siesta oder Mittagsruh schöner definieren und klarer beschreiben, welche Bedeutung die Erotik im sozialen Leben der Mauren hatte?

"Das Leben kann doch nur darin bestehn,
  Genuß zu haben, edle Wünsche!
Auch wenn der Neider haßt und dies bestreitet,
  weil Mißgunst ihn beherrscht."

schrieb einst ein islamischer Dichter am Hofe des Harun
ar-Raschid in Bagdad. Diese wenigen Zeilen drücken
eine Lebensauffassung aus, die von seinen maurischen
Brüdern im fernen Westen voll und ganz geteilt wurde.

ANDALUSISCHE LIEBESDROGEN

Jedes menschliche Gemeinwesen entwickelt für sich eine "Liebeskultur", d.h. es stellt für die Beziehung der Geschlechter Normen auf und setzt den Rahmen fest für gewisse Verhaltensregeln beim Umgang miteinander. Diese wiederum stehen in engem Zusammenhang mit den kulturellen und geistigen Strömungen der Gesellschaft und ihrer Zeit. Scheinbar unabhängig davon windet sich durch die Geschichte der Erotik wie ein roter Faden der Gebrauch von sogenannten Aphrodisiaka. Zu allen Zeiten waren die "Liebesdrogen", die die eigene sexuelle Potenz steigern und den Partner verführen sollten, bei den Liebenden begehrt. In der Weltliteratur finden sich viele Varianten dieses Themas, man denke nur an das klassische Liebespaar Tristan und Isolde, das erst durch den Liebestrank zueinander fand.

Bei der sozialen Bedeutung der Erotik in al-Andalus ist es nicht verwunderlich, daß auch dort die Liebesdrogen bekannt und verbreitet waren. Während sich im nordeuropäischen Mittelalter insbesondere die Hexen mit ihren Salben und Tinkturen dem Liebeszauber widmeten und damit nicht selten viel Unheil anrichteten, waren es im moslemisch-jüdischen Süden Europas vielfach Ärzte und Apotheker, die die Wirkung der Aphrodisiaka erforschten. Dementsprechend hatte der Gebrauch von Aphrodisiaka auch wenig mit mystischer Zauberei zu tun, sondern war ein fast normaler Bestandteil des Rituals zwischen den Geschlechtern. Man beschränkte sich dabei allerdings auf das, was erprobt und von der Wissenschaft empfohlen wurde.

Das Aphrodisiakum par excellence war sowohl bei den Mauren als auch bei den Juden der Alkohol, meist in Form des Weines. Ihm ist an anderer Stelle dieses Buches ein ganzes Kapitel gewidmet, in dem auch auf seine Bedeutung als erotisches Stimulans näher eingegangen wird. Eine kaum überschaubare Anzahl von Gedichten ist der Feder arabisch-andalusischer Poeten entsprungen, in denen dem Wein und der Liebe gehuldigt wird. Trotz des Alkoholverbotes im Koran waren die Mauren zu fast allen Zeiten ihres Verweilens auf spanischem Boden begeisterte Freunde dieses Getränkes. Den Juden war der Wein weit weniger geheuer, obwohl sie einen Großteil der andalusischen Winzer stellten und in der Kunst Wein zu machen sehr einfallsreich und beschlagen waren. Man kannte seine enthemmende Wirkung sehr gut, und so war es eine jüdische Sitte in al-Andalus, daß Mann und Frau bei Tisch niemals zusammen Wein tranken. Erst als abgeräumt war und sich die Frauen zurückzogen, holte der Hausherr seine edlen Kreszenzen aus dem Keller und schenkte seinen Geschlechtsgenossen reichlich ein.

Erstaunlicherweise galt in der andalusisch-jüdischen Vorstellung auch der Knoblauch als Aphrodisiakum. Vermutlich waren seine allgemein anerkannten gesundheitsfördernden Eigenschaften Hintergrund dieser Vorstellung. Auch Milch soll nach jüdischer Überlieferung die sexuelle Potenz steigern. So war es zum Beispiel den Oberrabbinern verboten, vor und am Versöhnungstage

Milchprodukte zu sich zu nehmen, damit sie sich ohne Ablenkung durch körperliche Gelüste auf ihre spirituellen Pflichten an diesem Tage konzentrieren konnten.

Im alten Testament ist von Pflanzen, die "dudaim" genannt wurden, die Rede; sie sollen die Frigidität der Lea geheilt haben, so daß diese dem Jakob schließlich den fünften Sohn gebar. Wie Julius Preuss in seiner Darstellung der talmudischen Medizin am Anfang des 20. Jahrhunderts vermutet, war es jedoch etwas anders: die Pflanzen sollen dem Jakob wieder Lust auf Lea gemacht haben (Preuss, J., 1992). Es handelte sich demnach wohl um Aphrodisiaka, deren botanische Bestimmung allerdings lange Zeit nicht klar war. Mittlerweile glauben die Wissenschaftler, daß es sich um die Mandragora gehandelt haben muß. Diese Pflanze, deren Wurzeln in der Tat narkotisch wirkende Stoffe enthalten, ist ein Nachtschattengewächs und war rund um das Mittelmeer, also auch im maurischen Spanien, wohl bekannt. In unseren Breitengraden stellte sie als Alraun oder Alraune einen wichtigen Bestandteil von Hexensalben dar, die die Fruchtbarkeit erhöhen sollten (Miller, R.A., 1992). Im maurischen Spanien hatten vorwiegend die Juden die Sitte entwickelt, Mandragorawurzeln in Wein zu legen, damit sich ihre aktiven Bestandteile darin auflösten. Dieses Gebräu war also eine Kombination zweier Aphrodisiaka. Die magischen Wurzeln der Mandragora, die gelegentlich die Gestalt eines kleinen Menschen ("Alräunchen", "Galgenmännlein") annehmen, tragen die Blätter direkt, einen Pflanzenstamm gibt es nicht. Die Alraune war schwer in freier Natur zu entdecken, und daher bedurfte es schon einiger Erfahrung, sie zu sammeln; im Norden Europas fiel diese Aufgabe den Hexen zu, in Andalusien besorgten es die "Kräutersammlerinnen". Heute ist diese Kenntnis vollständig verlorengegangen, nur noch versierte Botaniker finden die wild wachsende Mandragora.

Um die Mandragora bzw. die Alraune rankten sich viele Geschichten und Sagen. So sollen sie entsetzlich geschrien haben, wenn jemand versucht hat, sie auszugraben und jeder, der diesen Schrei gehört habe, sei auf der Stelle tot umgefallen. Nach nordischem Volksglauben soll die Alraune unter einem Galgen entstanden sein und aus dem herabgetropften Sperma eines Gehenkten gewachsen sein. Mandragora war nicht nur wegen der komplizierten Art der Ernte - um nicht dem Geschrei ausgesetzt zu sein, bediente man sich dabei schwarzer Hunde - sondern auch wegen ihrer Seltenheit sehr teuer. Kein Wunder, daß es Surrogate in großer Vielzahl gab, die auf den Märkten von al-Andalus und in anderen Mittelmeerländern wesentlich billiger als das Original verkauft wurden. Bedenkt man, daß ein großer Teil der Wirkung von Aphrodisiaka auf der subjektiven Erwartung beruht, wird verständlich, daß sich auch mit Ersatzdrogen schwunghafter Handel treiben ließ.

In ihrer Wirkung der Mandragora-Wurzel ähnlich waren auch andere Gewächse dieser Pflanzengattung, wie z.B. die Tollkirsche, oder "Belladonna" und der besonders im maurischen Andalusien weit verbreitete Stechapfel (Schöpf, H.,1992). "Belladonna" heißt so viel wie schöne Frau, wobei die Etymologie offen läßt, ob die Frau - z.B. durch die Erweiterung ihrer Pupillen - oder unter Drogeneinfluß durch die subjektive Sicht des Betrachters schön wird. Gemeinsam ist all diesen "Liebesdrogen", daß sie mehr oder weniger große Mengen der Alkaloide Atropin und Skopolamin enthalten. Es ist in der Tat medizinisch belegt, daß diese Drogen die sexuelle Erlebnisfähigkeit steigern, allerdings auch eine Reihe unangenehmer Nebenwirkungen haben. Vermutlich ist das richtige Verhältnis der verschiedenen Inhaltsstoffe von besonderer Bedeutung für den sexuell stimulierenden Rausch. Ihre Zusammensetzung konnte natürlich entsprechend den Umweltgegebenheiten unterschiedlich sein, was das Auftreten von toxischen Symptomen häufig schwer voraussehbar machte. Auch dem in al-Andalus wohlbekannten Haschisch wurden aphrodisische Wirkungen nachgesagt. Interessant ist, daß die jüdisch-arabische Medizin in al-Andalus Mandragora und Haschisch auch zur Anästhesie bei operativen Eingriffen benutzte. Es war schließlich eine Dosisfrage, wann die stimulierenden oder die einschläfernden Eigenschaften der Drogen zum Tragen kamen, d.h. man mußte sehr genau wissen, wieviel man von was nehmen mußte, um den gewünschten pharmakologischen Effekt zu erzielen. Um die Dosis ausreichend klein zu halten und damit möglichst nur die stimulierenden Eigenschaften zu nutzen, hat man in Andalusien nur die Blüten der Stechäpfel zur Teebereitung benutzt. Diese enthielten, gegenüber den sonst üblichen Stechapfelsamen, sehr geringe Mengen der schädlichen Substanzen.

Auch die Muskatnuß galt bei den Arabern als starkes Aphrodisiakum, Potenzmittel und Fruchtbarkeitsspender. In der Tat hat die moderne Pharmakologie Substanzen in der Muskatnuß identifiziert, die die stimulierende und gleichzeitig berauschende Wirkung erklären. Ob Muskatnuß aus diesen Gründen in al-Andalus durch die Jahrhunderte so beliebt war, ist nicht überliefert, man kann es aber aus anderen Gründen beinahe ausschließen. Die toxischen und die pharmakologisch wirksamen Dosen liegen so nahe beieinander, daß man mit z.T. erheblichen Nebenwirkungen rechnen mußte. Da es viele andere, weniger gefährliche, Aphrodisiaka gab, war man nicht auf die Muskatnuß angewiesen.

Neben den intern anwendbaren Liebesdrogen, die hauptsächlich psychisch wirkten, indem sie die subjektive Wahrnehmung veränderten und gleichzeitig die Widerstandsfähigkeit gegenüber erotischen Vorstellungen verminderten, gab es die aphrodisischen Essenzen, d. h. ätherische Öle und alkoholische Extrakte, die auf den Körper gebracht die erotischen Gefühle des Partners sensibilisieren sollten. Die Mauren hatten sich die "Wohlgerüche Arabiens" mitgebracht und selbst eine blühende Parfümindustrie aufgebaut. Darauf wird in einem späteren Kapitel eingegangen.

Die Freizügigkeit und Toleranz in al-Andalus beim Gebrauch von Liebesdrogen stand in krassem Gegensatz zum christlichen Europa, wo sich die Unterdrückung der Sexualität als Machtmittel der Kirche und des Staates etabliert hatte. Im Schatten der religiös motivierten Tabuisierung alles Geschlechtlichen konnten Hexen und ihre Anhänger ihr Unwesen treiben und vom unbefriedigten Sexualtrieb der Mitbürger profitieren. Kein Wunder, daß man, ohne auf nennenswerte Opposition zu stoßen, kurzen Prozeß mit den Hexen machen konnten. Die Prozesse selbst waren ja häufig eine schaurige Demonstration der unterdrückten Sexualität der Richter und der Kirchengewaltigen, in deren Namen die Anklage erhoben wurde. Es gab nichts Vergleichbares im maurischen al-Andalus. Selbst nach der vollständigen Machtergreifung der Christen und der Einrichtung der grausamen Inquisition, die alle Andersgläubigen verfolgte, gab es auf spanischem Boden so gut wie keine Hexenprozesse. Es liegt nahe, dies als eine Folge der 500-jährigen maurischen Geschichte zu interpretieren. Die Gesellschaft von al-Andalus war in gewissem Maße bereits von einem naturwissenschaftlich orientierten Denken durchdrungen, wie dies im übrigen Europa erst mit der Renaissance aufkam.

EIN HASCHISCH-PFEIFCHEN AUS BADAJOZ

Der Hanf, mit dem wohlklingenden botanischen Namen "cannabis sativa", ist als Faser- und Öllieferant eine uralte Kulturpflanze, die vermutlich aus dem nördlichen Zentralasien stammt. Die Hanffasern wurden wegen ihrer enormen Festigkeit und Widerstandskraft hauptsächlich für Seilerwaren benutzt. Auch die als "Hanfsamen" bezeichneten Früchte der Pflanze fanden vielfältige Verwendung. Das daraus gewonnene Öl wurde zur Seifenherstellung gebraucht. Während man die ganzen Früchte gelegentlich als Vogelfutter benutzte. In der Medizin waren die betäubenden Stoffe, die sich nach der Entölung in den Rückständen fanden, gut bekannt, ebenso wie ihre entzündungshemmenden und reizmildernden Wirkungen. Die Anbaugebiete waren schon immer China, Indien, der Iran, Nordafrika sowie Ost- und Südeuropa. In al-Andalus spielte der Hanfanbau, soweit wir wissen, keine große wirtschaftliche Rolle.

Der indische Hanf ist sehr reich an betäubenden Stoffen; sie konzentrieren sich besonders im Harz und in den Blattspitzen der weiblichen Pflanzen. Das berauschende Harz wurde, wie die ganze Pflanze, von den Arabern "Hasis" (Haschisch) genannt. Die Einnahme ruft einen Zustand der Verzückung mit intensiven Licht- und Farbvisionen, Illusionen und Verlust des Zeitgefühls hervor, der schließlich in einen tiefen Schlaf übergeht. Es ist sicher, daß den Mauren in al-Andalus Haschisch gut bekannt war. Ein Volk, in dessen Kultur die Sinnlichkeit eine derartig bedeutende Rolle einnahm, hat mit großer Wahrscheinlichkeit auch versucht, die verfügbaren Hilfsmittel, die die sinnliche Wahrnehmung verstärken konnten, auszunutzen. Daß Haschisch im Vorderen Orient bekannt war, wissen wir von den Derwischen, den Assassinen und aus den Erzählungen aus Tausendundeinen Nächten.. Derwische waren in Klöstern lebende islamische Bettelmönche. Sie erreichten im 12. Jahrhundert erstmals Bedeutung als islamische Mystiker und verfügten auch in al-Andalus zeitweise über zahlreiche Anhänger. Als Mittel zur Erreichung des rituellen Zustandes mystischer Extase diente ihnen nicht selten der Haschischrausch (Schweizer, G., 1984).

In den Büchern zur arabischen Geschichte tauchen immer wieder die bei den Kreuzfahrern des 11. und 12. Jahrhunderts berüchtigten "Assassinen" auf. Ihr Name wurde in Europa meistens mit dem französischen "assassin" - der Meuchelmörder - in Verbindung gebracht; in Wirklichkeit leitet er sich von Hasis ab: "Hassasum" oder "Haschischim", die Haschischesser. Die christlichen Legenden um dieses mysteriöse Volk wollen wissen, daß es eine schiitische Sekte gewesen sei, die ihrem Führer total ergeben war und daß dieser die Unterwürfigkeit seiner Untertanen durch die dosierte Vergabe von Haschisch erreichte. Die Assassinen hätten immer mit fanatischem Ehrgeiz für ihren Glauben gekämpft und seien dabei - so wird von den Kreuzfahrern berichtet - auch vor organisiertem Massenmord nicht zurückgeschreckt. Paßt diese Aggressivität überhaupt zur Pharmakologie von Haschisch? Ganz sicher nicht, denn im Haschischrausch ist der Mensch auf sich selbst zentriert und völlig passiv. Sicher ist die Geschichte wohl eher als eine der vielen Verunglimpfungen arabisch-moslemischer Kultur durch christliche Geschichtsschreiber zu werten. Dies wird von Benjamin von Tudela, dem jüdischen Kaufmann, der in der zweiten Hälfte des 12. Jahrhunderts den Orient bereiste, bestätigt. Er beschreibt die Assassinen folgendermaßen: "Der Fuß des Libanongebirges liegt nahe an der Grenze zu einem Volk, das al-Haschischim heißt. Diese Leute bekennen sich nicht zur Religion der Muslime, sondern halten sich an einen der Ihren, den sie gleichsam als Propheten betrachten. Alles, was er ihnen befiehlt, führen sie aus, auf Tod und Leben. Sie nennen ihn Schaich al-Haschischim; er ist ihr "Alter". Auf sein Geheiß hin schwärmen alle Bergbewohner aus, auf sein Geheiß kommen sie wieder" (Benjamin von Tudela, 1991). Der jüdische Zeitgenosse, dem man einseitige Parteinahme schwer vorwerfen kann, behauptet demnach sogar, daß sie überhaupt keine Moslems waren und von Mord ist auch nicht die Rede. So interessant die Geschichte der Assassinen auch ist, in unserem Zusammenhang sollte sie eigentlich nur einen weiteren Hinweis erbringen, daß Haschisch bereits im 12. Jahrhundert im moslemischen Herrschaftsbereich verbreitet war.

Auch in der berühmten arabischen Märchensammlung "Tausendundeine Nacht" sind mehrere Episoden dem Haschisch gewidmet. In der 143. Nacht erzählt Schehrezad vom Rausch eines namenlosen Haschischessers. In suggestiver Sprache erfahren wir alle Einzelheiten eines erotischen Traums (Die Erzählungen aus Tausendundein Nächten, 1976). Dies weist auf die bekannte Rolle dieser Droge als Aphrodisiakum hin. Die Geschichte ist nicht genau datierbar, dürfte aber aus der Zeit der Assassinen stammen. Es gilt als gesichert, daß Haschisch auch in Andalusien und im Maghreb in größeren Mengen aus dem Orient eingeführt wurde.

Ausgrabungen in den maurischen Befestigungsanlagen von Badajoz haben kleine Tonpfannen ans Tageslicht gebracht, die die Archäologen als Haschischpfeifchen identifiziert haben (Dodds, J. D., 1992). Ganz ähnliche Instrumente wurden an sehr vielen Stätten des Orients gefunden und noch heute sind Abkömmlinge davon in Marokko für genau den gleichen Zweck zu erwerben. In dem bedeutendsten lexikographischen Werk von al-Andalus, dem "al Mujassas" des Ibn Sida aus Murcia (gest. 1064), wird der Gebrauch von Haschisch als ein weit verbreitetes Vergnügen bei den Mauren beschrieben. Neben der Freude am Rausch wurde Haschisch besonders gerne von den andalusischen Seefahrern benutzt um der Seekrankheit vorzubeugen. Diese medizinische Anwendung von Haschisch gibt es übrigens heute noch. Cannabis sativa ist ein hervorragendes Mittel gegen Brechreiz verschiedenster Ursachen. Im übrigen beweisen die Haschischpfeifchen Andalusiens und des Morgenlandes, daß Rauchen bei den Arabern durchaus schon bekannt war, und zwar längst bevor der Tabak aus Südamerika mit den spanischen "conquistadores" nach Europa kam.

Haschisch wurde bei den Mauren in al-Andalus eigentlich kaum geraucht, sondern in verschiedensten Arten als Speisezutat zu sich genommen. Eine marokkanische Anweisung zur Herstellung von leckerem Haschisch-Zuckerwerk enthält so viele Einzelheiten, die typisch für die einstige Konditorkunst der Mauren sind, daß es eigentlich keinen Zweifel über die Herkunft des Rezeptes geben kann:

REZEPT: SÜSSE HASCHISCHBÄLLCHEN

Man nehme eine feuerfeste Tonschale und röste darin bei sehr kleiner Hitze Sesamsamen und geschälte Mandeln, bis sie goldbraun und trocken sind. Anschließend zerstampfe man beides sorgsam in einem Mörser. In dem noch warmen Tongefäß lasse man das Haschisch zusammen mit etwas Butter schmelzen und gebe etwas Honig dazu, bis eine gut formbare Paste entsteht. Zu dieser füge man zusammen mit frisch geraspeltem Ingwer das geröstete Sesam-Mandel-Pulver. Schließlich schmecke man mit Zimt, Muskat und Rosenwasser ab. Nun forme man aus der entstandenen Masse kleine hasel- bis walnußgroße Kugeln und rolle sie in gerösteten Sesamsamen. Alternativ dazu kann man die kleinen verführerischen Bällchen in Puderzucker rollen, so daß sie von außen unschuldig weiß erscheinen. Man serviere sie, wie alles feine Konfekt, in einer silbernen Schale.

Es gab unzählige Varianten dieses Grundrezeptes, dabei fanden vielfach Datteln, Walnüsse, Feigen, Anissamen, Zitronenschalen, Pinienkerne, Orangenblütenwas-

ser und Pfefferminze Anwendung. Auch das in Andalusien heute noch weit verbreitete Feigenbrot ("pan de
higos") war ein beliebter Träger für das berauschende
Haschischharz.

Es ist nicht bekannt, ob es in al-Andalus auch den
Kath, oder Qat, gab. Im 13. Jahrhundert wurde das Kath-
Kauen besonders bei den Sufis in Ägypten, und im arabischen Kernland zur Mode. Sie nutzten die stimulierenden
und berauschenden Wirkungen dieser Droge - ähnlich
wie das Haschisch - zur Vorbereitung mystischer Erleb-
nisse. Aus den Blättern des Qat-Baumes konnte man
einen sehr wohlschmeckenden und anregenden Tee machen, der einerseits eine Genuß- andererseits eine
Rauschdroge war. Da der Wirkstoff nach dem Abpflük-
ken relativ schnell verfliegt, war man auf den Konsum
frischer Blätter angewiesen. Aus diesem Grunde gab es
auch keinen Massenexport des Qat aus den Herstel-
lungsländern, aber gelegentlich erreichten Qat-Blätter in
einer Art Frischhaltepackung aus feuchten Tüchern und
Bananenblättern die Häfen der nördlichen Mittelmeerstaaten, wo sie als teure Modedroge begehrt waren. Der
Engländer Gerald Brenan, ein scharfsinniger Beobachter
andalusischen Lebens und Autor des lesens- und lie-
benswerten Buches "Südlich von Granada", beschrieb
noch in der ersten Hälfte des 20. Jahrhunderts das Vor-
kommen einer Pflanze die dem arabischen Qat sehr ähnlich sein soll. Angeblich stellte man damals noch aus ihr
in Andalusien ein erregendes Getränk her. Heute ist diese
Kenntnis, die ihre Wurzel in maurischer Zeit hatte, weitgehend vergessen.

85

WEINKULTUR UND ALKOHOLVERBOT

Der Genuß von alkoholischen Getränken war bei den Arabern in der vorislamischen Zeit weit verbreitet. Man kannte unzählige Rezepte für wohlschmeckendes Gebräu: Meist wurden Datteln, Gerste oder Rosinen mit reichlich Wasser bedeckt. Die Stärke bzw. der Zucker lösten sich aus der Frucht und bald begann die Hefegärung; man brauchte nur noch abzuwarten, bis der Überstand ausgegoren war und sich die Trübstoffe abgesetzt hatten. Im Gegensatz dazu wurde der begehrte Traubenwein ("hamr") hauptsächlich von jüdischen und christlichen Händlern aus Syrien, dem Jemen oder dem Libanon eingeführt. Es gab umherziehende Kneipen, die von Ort zu Ort fuhren und neben ihrem Wein auch Tänzerinnen und Sängerinnen bei sich hatten. In den Städten Mekka und Medina oder in den größeren Beduinenlagern machten sie teilweise wochenlang Station. Dabei wurde in diesen Etablissements auch dem Glücksspiel gefrönt und manch ein arabischer Familienvater hat in einer durchzechten Nacht Haus und Hof verspielt.

Sehr konkret geht der Koran in der 2. Sure (216) auf diese Mißstände ein: "Sie werden dich befragen nach dem Wein und dem Spiel. Sprich: 'In beiden liegt große Sünde und Nutzen für die Menschen. Die Sünde in ihnen ist jedoch größer als ihr Nutzen'". Ein wirkliches Weinverbot liegt in dieser Koranstelle noch nicht vor, sondern lediglich eine Warnung vor dem übermäßigen Genuß und den Hasardspielen. Ein ähnlicher Hinweis findet sich in der 4. Sure (46): "Oh ihr, die ihr glaubt, nähert euch nicht trunken dem Gebet sondern wartet bis ihr wisset, was ihr sprechet." Hier wird eigentlich nur davor gewarnt, in nicht nüchternem Zustand zu beten. Wesentlich deutlicher wird der Koran dann allerdings in der 5. Sure (93) "Der Satan will nur zwischen Euch Feindschaft und Haß werfen durch Wein und Spiel und Euch abwenden von dem Gedanken an Allah und dem Gebet." Diesen Satz interpretierten moslemische Theologen schließlich als vollständiges Alkoholverbot.

Man kann sich vorstellen, daß die Durchsetzung des Alkoholverbotes (al-kuhl, arab.= das Berauschende) bei den Anhängern der neuen Lehre anfangs auf große Schwierigkeiten gestoßen ist. Der Prophet Mohammed wurde immer wieder gefragt, welche der gewohnten Getränke, außer dem Wein, denn zugelassen seien. Ein wichtiges Thema war auch die Frage, wie lange man ein Getränk denn der Gärung aussetzen dürfe, bevor es als berauschend galt. In den "Hadith"-Sammlungen, in denen Aussprüche und Handlungen des Propheten aufgezeichnet sind, finden sich viele zusätzliche Anweisungen zum Umgang mit dem Alkohol. In der Sammlung des Sahih al-Buhari, der im 9. Jahrhundert lebte, wird zum Beispiel nochmals bestätigt, "daß der Genuß von Wein verboten ist". Dort finden wir auch eine interessante Definition des Weines: "Er kann aus Trauben, Datteln, Honig, Weizen und Gerste hergestellt werden. Und als Wein bezeichnen wir jedes Getränk, das den Verstand trübt!" Das Alkoholverbot wurde nicht nur vom Volk, sondern auch von vielen Kalifen und hohen Würdenträgern zeitweise ganz offen mißachtet. Das Gebot, kein Schweinefleisch zu essen, war bei allen islamischen Völkern eigentlich ohne Problem akzeptiert; während man mit dem Gebot, keinen Alkohol zu trinken, fast immer und überall Schwierigkeiten hatte.

Als Kalif Jezid I. (gestorben 683), aus dem Geschlecht der Omaijaden, einmal einen Zwist mit Rivalen in Mekka auszutragen hatte, lud er sie in seine Hauptstadt Damaskus ein. Im Palast des Kalifen wurden sie verwöhnt und reich beschenkt. Raffinierte Delikatessen nach byzantinischen Rezepten und schwere Weine aus Samos sollten sie gefügig machen. Aber die offizielle Prasserei bewirkte hier einmal genau das Gegenteil: Die Kunde, daß der Kalif ein Weintrinker sei, brachte die frommen Bürger in den heiligen Städten Mekka und Medina gegen Jezid auf, und der Kalif mußte den Aufstand schließlich mit Waffengewalt niederschlagen.

Obwohl auch in al-Andalus das mohammedanische Alkoholverbot bestand, waren die Herrscher tolerant genug, die seit der Römerzeit ungebrochene Winzertradition nicht sterben zu lassen. Die Juden und die Christen, die ja ein fester Bestandteil der Gesellschaft waren, durften ungehindert Alkohol trinken. Sie waren es, die den Weinbau auch weiter betrieben. Sowohl bei den christlichen als auch bei den jüdischen Ritualen spielte der Wein schließlich eine wichtige Rolle. Die andalusischen Dichter jener Zeit haben, wie auch ihre Kollegen in Persien, eine sehr reiche Wein-Dichtung hervorgebracht, die uns heute deutlich zeigt, daß das Abstinenzgebot nur relative Bedeutung hatte. Im Übrigen war Wein natürlich zu medizinischen Zwecken zugelassen, und von Umschlägen bis hin zu Klistieren gab es alle Anwendungsarten, so daß ein "Mißbrauch" beinahe schon vorprogrammiert war.

Der Rebstock war bereits in der Antike ein sehr häufiges Ornament und auch ein religiöses Symbol. In der jüdischen Tradition bedeutete er, wie uns das Alte Testament lehrt, Wohlergehen und Glück. Die Christen haben ihn zur Veranschaulichung der durch die Taufe erlangten Gemeinschaft dargestellt, und auch im Koran finden sich viele Hinweise auf den Weinstock. In der 6. Sure (142) erfahren wir sogar etwas über die Rebbautechnik: "Und Allah ist es, welcher wachsen läßt Gärten mit Rebspalieren und ohne Rebspaliere...".

Einer Übertretung des moslemischen Alkoholverbotes verdanken wir eines der bedeutendsten Werke der Reiseliteratur. Ibn Dschubair, ein gebürtiger Valenzianer, trat in der Mitte des 12. Jahrhunderts in den Dienst des Gouverneurs der Stadt Granada, mit dem er gut befreundet war. Die Geschichte, die dazu führte, daß er sich - wie man heute wohl sagen würde - dem Reisejournalismus widmete, ist erzählenswert, weil sie uns einen kleinen Einblick in die Lebensumstände von damals ermöglicht: Die zu jener Zeit das moslemische Spanien regierenden Almohaden huldigten einem sehr orthodoxen Islam und nahmen das Alkoholverbot des Koran besonders ernst. Der illustre Freund des rechtgläubigen Ibn Dschubair hat diesen eines Tages in furchtbare Gewissensnot gebracht, als er ihn nämlich zu einem Weingelage einlud. Vom Alkohol benebelt und nicht mehr wissend was er tat, soll Dschubair sieben Becher des verbotenen Getränkes geleert haben. Als er am nächsten Tag wieder bei vollem Bewußtsein war, quälten ihn furchtbare Gewissensbisse. Dies kam dem Gouverneur zu Ohren, und er bereute, daß er seinen redlichen Beamten mit dem Wein verführt hatte. Als Wiedergutmachung ließ er dem armen Dschubair die sieben Becher, die er geleert hatte, mit Gold gefüllt zukommen. In seinem plötzlichen Wohlstand erkannte Ibn Dschubair ein deutliches Zeichen Allahs und um seine Sünde zu büßen, trat er die Pilgerfahrt von Granada nach Mekka an. Er war über zwei Jahre unterwegs, und noch heute liest sich seine Reisebeschreibung wie ein spannender historischer Roman (Ibn Dschubair, 1985).

Nicht selten waren die luxuriösen Weingelage an den muslimischen Höfen bzw. in der vornehmen Gesellschaft auch Anziehungspunkt für Dichter und Lyriker. Die arabischen "Trinklieder" (hamrijjat) waren bereits in der vorislamischen Zeit außerordentlich beliebt und blieben dies auch das ganze Mittelalter hindurch. Sie wurden meist von berufsmäßigen Sängern und Sängerinnen vorgetragen und von Instrumentalmusik und Tanzdarbietungen begleitet. Einer der berühmtesten Dichter von Trinkliedern war Abu Nuwas aus Bagdad. Sein ungezügelter Hang zum Trinken und seine Ausschweifungen haben ihn in seinem Leben öfter in Schwierigkeiten gebracht, jedoch hat ihm sein dichterisches Können immer wieder die Gunst der Kalifen gesichert. Der große Abbassiden-

Kalif und legendäre Herrscher aus "Tausend und einer Nacht", Harun ar-Raschid, machte ihn zu seinem Hofpoeten. Auch andalusische Dichter haben mit facettenreicher poetischer Kraft den Wein besungen. Ibn Chafadscha schrieb zum Beispiel im 12. Jahrhundert (zit. nach Jahn, 1955):

> "Ihr nennt die Rebe sündig. Doch ich sage ihr: Du Schöne
> Füllst meine Augen an mit Dunkelheit und Licht.
> Du machst zuweilen krank. Doch süße Töne
> Formst du in meinem Herzen zum Gedicht."

Die etwas derbe Kneipenatmosphäre der Schänken von Bagdad war im al-Andalus der Mauren nicht mehr zu finden. Der Weingenuß fand vorwiegend im Freien statt, in den nicht einsehbaren Gärten oder Innenhöfen der maurischen Häuser.

> "Als mich die Trunkenheit auf's Lager zwang,
> Schlief auch die Sonne ein. Sanft deckte mich ein Baum
> Mit Duft und Schatten zu. Der Tauben Sang
> War wie mein Lager weich - fern - ferner als ein Traum."

So beschrieb der gleiche Chafadscha (zit. nach Jahn, 1955) seinen Rausch, den er sich - wie dies wohl unter den andalusischen Weinfreunden sehr häufig war - bereits am Tage angetrunken hatte. Der Dichter und Fürst Ibn Razin aus der Zeit der Taifas, dessen kleine Hauptstadt Albarracín in der Nähe von Teruel mit ihrem Namen noch heute an ihn erinnert, huldigte ganz offen dem Wein (zit. nach Jahn, 1955):

"Reicht diese sonnengleiche Flüssigkeit,
Die Blick und Zugriff flieht, von Hand zu Hand!
Sie fand noch nicht zur Körper-Wesenheit
Und bleibt für Geist und Sinne unerkannt."

Die Festgelage in Albarracín hatten einen legendären Ruf im ganzen Maurenlande, und es wird überliefert, daß die Tänzerinnen des Ibn Razin zu den schönsten des islamischen Westen gehörten. Ein Zeitgenosse berichtet, daß er außerdem ein eifriger Instrumentensammler war und "seine Zither (sitara) gilt als kostbarstes Instrument dieser Art in Fürstenbesitz in al-Andalus."

In der Dichtung der Sufi-Mystiker galt der weingefüllte Kelch als Symbol des Göttlichen. Ibn al Farid aus Kairo besingt die göttliche Liebe unter der Allegorie der berauschenden Kraft des Weines (zit. nach Schimmel, A., 1992):

Wir tranken einst auf das Wohl
   des Freundes, des Geliebten, Wein:
Eh man noch die Traube schuf,
   da flößte er Rausch uns ein.
Der Vollmond war sein Pokal,
   er selbst war die Sonn', die kreist
Durch Neumond; und mischst du ihn,
   erglänzt der Sterne Schein.
Und wär nicht sein süßer Duft -
   wer führte zur Schänke mich?
Was täte die Phantasie,
   könnte er nicht den Glanz ihr leihn?

Und nennst du im Stamme ihn,
  so werden die Brüder gleich
Ganz trunken, berauscht - jedoch
  von Schande und Sünde rein...

Der andalusische Arzt und Literat Ibn al-Kattani hat
im 11. Jahrhundert ein Textbuch für seine Sklavinnen
verfaßt, die er sorgfältig selbst unterrichtete. Darin ist ein
ganzes Kapitel dem Wein gewidmet. Er vergleicht ihn
immer wieder mit der Sonne und den Sternen, aber auch
für seine muslimischen Tänzerinnen und Sängerinnen,
die den Weingenuß begleiteten, hatte er sehr viel übrig.
Sie waren häufig Mädchen von "solcher Schönheit, daß
man sie für zunehmende Monde hätte halten können."
Hiermit weist al-Kattani auf den bei den Mauren wichtigen kulturellen Zusammenhang von Wein und Erotik.
Wein wurde als das Aphrodisiakum par excellence angesehen.

"Der Küsse Duft ist süßer als der Wein", weiß die
schöne Hafsa, Erzieherin im Harem des Sultans von Granada, zu berichten. Sie liebte den unglücklichen Dichter
Abu Dschafar, der damit zum Konkurrenten des Prinzen
wurde und dies am Ende mit seinem Leben bezahlen
mußte. Aber vorher huldigt er in den Armen der Schönen
dem Wein:

"Und trunken tanzten wir
  zum Klang der Tamburine
 Die ganze Nacht, bis wir
  beim Morgengrauen die Falken warfen..."

Am Abend vor seiner Hinrichtung im Frühling des Jahres 1164 soll er noch folgendes Gedicht niederge- schrieben haben (zit. nach Jahn, 1955):

"Warum beweinst du mich? Ich hab auf dieser Erde die herrlichsten Vergnügungen genossen: Aß weißes Hühnerfleisch, sooft ich es begehrte, Und hab den besten Wein in mich hineingegossen."

Die Geschichten von den maurisch-andalusischen Trinkgelagen erinnern gelegentlich an die ausschweifen- den Bacchusfeste der Römer. Al-Kattanis Tänzerinnen könnten ebenso Bacchantinnen gewesen sein. Weinge- nuß förderte seit Urzeiten die zwischenmenschliche Kom- munikation durch den Abbau psychologischer Hemm- schwellen. Da, wie wir gesehen haben, das maurische Lebensgefühl die Sexualität als eine legitime Äußerung der Persönlichkeit voll anerkannt hatte, war auch die soziale Verknüpfung von Alkoholkonsum und Liebe eine logische Konsequenz. "Du bist vergänglich, genieße denn die Welt! Rausch und schöne Frauen, weiße wie Gazellen und braune wie die Götzenbilder" rief schon Imra al-Qais, der größte Dichter der vorislamischen Peri- ode, aus. Mit "Rausch und schönen Frauen" hat er das Urbedürfnis des stolzen Wüstenvolkes nach sinnlicher Befriedigung beschrieben.

Auch bei den sephardische Juden galt der Wein als hochwirksames Aphrodisiakum. Insbesondere bei den jü- dischen Frauen war er ob dieser Wirkung geradezu gefürchtet. Im Talmud steht geschrieben: "Ein Glas Wein ist schön für die Frau, zwei sind etwas häßliches, bei dreien fordert sie mit Worten (den Beischlaf), bei vieren fordert sie sogar einen Esel auf der Straße auf, jeglichen Anstand vergessend." (Preuss, J., 1992). Dies ist sicher als übertriebene Karikatur und nicht als Verunglimpfung der Frau zu verstehen. Schließlich waren die Gläser bei den Juden weder in Babylonien noch in al-Andalus besonders groß. Außerdem spiegelt sich in diesem Sprichwort die gesellschaftliche Tatsache, daß bei den Juden Alkoholgenuß Männersache war, wider. Eine historische Wurzel des Stammtisches von heute?

Gegenüber den Quantitäten von Wein, die im maurisch-jüdischen al-Andalus getrunken wurden, erscheint uns heute der exzessive Alkoholkonsum, dem das gesamte Mittelalter in den nichtislamischen Ländern Europas gefrönt hat, ungemein derb und ungeschliffen. Alkohol war dort eine einfache Art der Kalorienzufuhr, mit der man häufig schon am frühen Morgen begann. Mittelalterliche Bilder vom Weinbau gibt es in Hülle und Fülle. Holzfässer und -fuder, Rebstöcke und Trauben zieren unzählige Holzstiche, auf denen Szenen des täglichen Lebens dargestellt sind. Diese übertrieben häufigen Darstellungen von "Wein-Accessoirs" beschreiben sehr genau die große Bedeutung des Alkoholkonsums im mittelalterlichen Alltag. Die Trinkrituale, die alle nordeuropäischen Kulturen in ähnlicher Form entwickelt hatten und die noch heute in manchen Gesellschaftsschichten in der einen oder anderen Form zelebriert werden, waren eine billige Rechtfertigung für den Suff. Man trank bis zur

Bewußtlosigkeit und machte daraus häufig sogar noch einen Sport. Das Wettrinken gehörte zur studentischen Lebensäußerung vieler Generationen in unserer deutschen Geschichte. Dies alles gab es im Land der Mauren nicht. Der Alkoholkonsum war eingebettet in ein kulturelles Umfeld, in dem er, wie viele andere Lebensgewohnheiten dieser Menschen, der Steigerung der sinnlichen Wahrnehmung und Empfindung diente. Es war nicht der betäubende Rausch, den die spanischen Muselmanen suchten; sie waren nur am komplexen Rauscherlebnis interessiert, welches Auge, Ohren, Nase und Haut zwar mit einbezog, aber dennoch immer kontrollierbar blieb.

Unschwer erkennen wir im maurischen Verhältnis zum Alkohol den heutigen Andalusier wieder. Alkohol ist häufig erst die Voraussetzung zum Entstehen des Flamencogesanges und -tanzes. Die Bereitschaft, sich physisch mitzuteilen und die Stimme zum arabesken Gesang des "cante jondo" zu erheben, kommt meist erst nach einigen Gläsern des "Fino". Er wird nicht in großen Pokalen genossen, sondern in kleinen, kelchförmigen "catavinos" (deutsch: Probiergläser) und macht in diesen kleinen Mengen nicht betrunken, sondern regt Gefühl und Seele an.

Der maurische Philosoph, Dichter, Arzt und Mathematiker Ibn Bagga klagt im XII. Jahrhundert seine Gesellschaft an: "Bisweilen erscheint die Handlungsweise der Menschen lediglich auf die leibliche Form ausgerichtet: auf Speise und Trank, Kleidung und Behausung. Insofern es sich um Lebensnotwendigkeiten handelt, hat jeder seinen Anteil daran; wo indessen mehr als das rein Notwendige zur Frage steht - zum Beispiel im Falle erlesener Speisen oder Wohlgerüche, kurz, ausschließlicher Genußmittel - ist das Ziel ein ganz und gar leibliches. Hierher gehören Weinrausch, Schachspiel und Jagdvergnügen; und wer in derlei Beschäftigung sein Ideal erblickt, handelt ausgesprochen leiblich. Diese Kategorie Menschen - die verhältnismäßig selten ist - mißt dem Geistigen keinen Wert bei, ja wird sich seiner infolge übertrieben leiblicher Einstellung überhaupt nicht bewußt. Ihre Vertreter stammen meist aus edlen Häusern; sie sind schuld an der Dekadenz des Adels und verantwortlich für den Niedergang der Dynastien." Dies sind sozialkritische Töne, die man in al-Andalus sehr selten zu hören bekam (Brett, M. & Forman, W., 1986).

Trotz aller offensichtlichen Zuneigung zum Wein, der die Mauren frönten, gibt es aus jener Zeit keine Quellen, die sich auf Weinherstellung direkt beziehen. Dies ist selbstverständlich durch das offizielle Alkoholverbot des Korans hinreichend erklärt. 1264 wurde im Zuge der Reconquista die Sherry-Stadt Jerez de la Frontera von Alfons X. wieder vollständig zurückerobert. Jener Dichter-König, der mit dem Zunamen "der Weise" in die europäische Geschichte eingegangen ist, hat uns in seinen illuminierten Lobgesängen, den "Cántigas de Santa Maria", die in galicischer Sprache abgefaßt sind, vier Miniaturen hinterlassen, die einen Bezug zum Wein von Jerez und den Kellereien (bodegas) herstellen. Da die Kellereien mit Sicherheit schon vor der Eroberung bestanden haben, sind die Bilder ein indirekter Hinweis auf eine lebendige Weinkultur in der spanischen Araberzeit.

Der begehrteste Wein der Mauren in al-Andalus war offenbar der Wein aus der Gegend um Málaga. Seine Geschichte geht zurück bis in die Antike. Schon bei den Römern war der süße Rebensaft aus "Malaca" begehrt und wurde ins ganze Reich rund um das Mittelmeer exportiert. Nach dem Niedergang der Römer haben erst wieder die Araber der regionalen Weinkultur, trotz der von der Religion geforderten Einschränkungen, neue Impulse gegeben.

Ein Dokument aus dem Jahre 1047 berichtet, daß sich nach Auflösung der Omaijaden-Dynastie der König von Málaga, Idris II., bekannt wegen seiner großen Herzensgüte sowie seiner extremen Charakterschwäche, eifrig an dem "malagenischen Sirup" ergötzt hatte, den man damals auf Arabisch "xarab almalaqui" nannte. Dieses Gebräu diente wohl vornehmlich medizinischen Zwekken, und da es zur innerlichen Anwendung gedacht war, konnten die Gebote des Korans auf recht einfache Art und Weise und sogar "ärztlich verordnet", umgangen werden. Das arabische "xarab" lebt übrigens im spanischen "jarabe" weiter und ist auch die Wurzel unseres Wortes "Sirup". Im Jahre 1487 eroberten die Katholischen Könige Isabella und Ferdinand endgültig die Stadt Málaga. Noch im Eroberungsjahr wurde in der Stadt die "Brüderschaft der Winzer", eine Art Genossenschaft im heutigen Sinn, gegründet. Dies legt nahe, daß bereits unter den Arabern der Weinbau wirtschaftlich recht bedeutungsvoll gewesen sein muß. Er wurde auch in Málaga hauptsächlich von christlichen oder jüdischen Bauern betrieben.

Ibn al-Hatib, der große andalusische Geschichtsschreiber aus Granada, schrieb einst über Málaga: "Diese Stadt bietet sowohl den Anblick des Meeres, als denjenigen des lückenlos mit Reben bepflanzten Landes - kahle Stellen sind hier nur selten zu sehen - wo, Sternen gleich, bei der großen Zahl und Helligkeit Turm an Turm sich reiht." An anderer Stelle spricht er aus, wozu die Reben dienten: "Málaga ist auch die Stadt der berühmten - erlaubten wie unerlaubten - Getränke" (zit. nach Hoenerbach, W., 1970). Der Málaga-Wein war bei den Mauren ganz offenbar der Inbegriff von Wein schlechthin. Eine maurische Anekdote weiß von einem Bruder Leichtfuß zu berichten, der im Sterben lag. Kurz vor seinem Tode wurde er von einem Freund ermahnt: "Nun bitte Allah um Vergebung!" Die Hände erhebend, erwiderte er: "O Herr, ich bitte dich, von allen Freuden des Paradieses beschere mir nur Málaga-Wein und Rosinen aus Sevilla".

Im Kampf gegen die Trockenheit der Wüste hatten die Araber gelernt mit dem Wasser umzugehen. Ihre Kenntnisse wandten sie auch in al-Andalus an und entwickelten dort ein Bewässerungssystem, das in seinen Grundzügen noch heute existiert. "Al-Saqija" nannten sie die Bewässerungsgraben, die unter Ausnutzung von Höhenunterschieden die Felder durchkreuzten. "Acequias" heißen sie noch heute in Spanien (Malpica Cuello, A.,

1995). In den breiten Flußtälern vor den Städten, den "Vegas", hatten die Mauren kleine fruchtbare Paradiese geschaffen, in denen alle Kulturpflanzen der damaligen Zeit gediehen. Ein Diplomat am Hofe Karls des V., der Venezianer Andrea Navagiero, berichtete im Jahre 1526 von dem Reichtum der geschickt bewässerten Vega von Granada, in der auch reichlich Rebstöcke anzutreffen waren. (Viñes, C., 1982). Vermutlich war die heute in Spanien und anderen Weinbauländern aufgegebene Bewässerung der Rebgärten in maurischen Zeiten sehr üblich. Da die Ansprüche an den Wein vor 500 oder mehr Jahren ganz anders als heute waren, ist damals die Bewässerung des Reblandes sicher als großer Fortschritt angesehen worden, denn die Erträge ließen sich damit erheblich steigern.

Wer sich in unseren Tagen in andalusischen Bars tummelt, wird nicht mehr sehr viel vom Zauber der spanischen Weinkultur erleben. Bier ist angesagt und zu den legendären "tapas" verschwindet der Inhalt unzähliger "cañas" (kleine Biergläser) in den durstigen Kehlen der Andalusier. Aber auch Biertrinken hat Tradition in Spanien. Es geht auf die Römer zurück. Sie hinterließen das Wort für den Gerstensaft in der spanischen Sprache: "Cerveza" leitet sich direkt vom lateinischen "cervisia" ab. Nur in den iberischen Sprachen finden sich somit noch Hinweise auf die Bedeutung, die das Bier insbesondere im letzten Jahrhundert des Römischen Reiches als Durstlöscher gespielt hat. Fast alle anderen europäischen Sprachen erkennen die Rolle der Germanen bei der Begründung der Bierkultur an. Das Schlüsselwort hieß in althochdeutsch: "bior". Obwohl sich keine literarischen Hinweise auf das Bier in al-Andalus finden, ist belegt, daß es vorwiegend von Christen und Mozarabern gebraut wurde. Jedoch allein die Tatsache, daß das lateinische Wort dafür bis heute überlebt hat, ist Hinweis genug, daß das Produkt zu allen Zeiten, also auch während der maurischen Herrschaft, verfügbar gewesen ist.

EINE KÜCHE ZU EHREN DES PROPHETEN

Die menschlichen Grundbedürfnisse Essen und Trinken werden in reichen Gesellschaften unweigerlich zu einem Bestandteil ihrer jeweiligen Kultur. Wenn die Ernährung des Menschen langfristig gesichert ist, entwickelt er ganz enorme Phantasie und Fähigkeiten, seine Nahrung zuzubereiten und haltbar zu machen. Die Kochkunst hat vieles mit der Architektur gemeinsam. Unter bestimmten materiellen Voraussetzungen gestaltet beides das tägliche Leben des Menschen. Mit der Anleitung des Baumeisters wird dann die schützende Hütte zum Palast genau wie sich der Eintopf durch die Hände eines Kochs in ein großartiges Menü verwandeln kann.

Die Architektur hat den großen Vorteil, daß sie die Jahrhunderte überleben kann und der Nachwelt einen Einblick in die Lebensgewohnheiten und -bedürfnisse früherer Generationen und Völker gewährt. Die Küche dagegen ist vergänglich. Von ihr bleiben den Nachfahren im besten Falle ein paar Aufzeichnungen. Da sich im Laufe der Zeit jedoch die verfügbaren Zutaten und Kochgeräte ändern, bleiben die Rezepte aus den alten Küchen oft nur noch kulturhistorisch interessante Dokumente, mit denen sich aber nichts, oder wenig anfangen läßt. Alte Gebäude sind begehbar, mit den Sinnen direkt erfaßbar und hinterlassen deswegen beim Betrachter ein Gefühl der Nähe zu ihren Erbauern und deren Zeit. Alte Rezepte dagegen sind wie fragmentarische Notenblätter, aus denen die Musik nicht erlebbar wird. Sie bedürfen der Interpretation durch einen Musikanten, der die Zusammenhänge studiert und verstanden hat, aber selbst dann ist die sinnliche Erfahrung der einstigen Gaumenfreude nur schwer nachvollziehbar. Dennoch ist es einen Versuch wert, sich die alten Geschmäcker auf der Zunge zergehen zu lassen, die einstigen Düfte zu riechen und im wahrsten Sinne des Wortes nachzuempfinden. Safran, Muskatnuß, Anis, Zimt, Ingwer, Gewürznelken, Pfeffer, Aprikose, Johannisbrot, Zitrone, Reis, Granatäpfel, Pfirsiche, Mandeln, Orangen, Kastanien, Bananen, Datteln, Melonen, Spargel, Rohrzucker und viele andere Köstlichkeiten kamen aus dem östlichen Mittelmeerraum mit den Arabern nach Spanien. Wie wir aus den Schriften des arabischen Historikers Al-Himyari aus dem 13. Jahrhundert zuverlässig wissen, wuchsen zum Beispiel in der Gegend von Granada damals so gut wie sämtliche der gerade erwähnten Nutzpflanzen (Viñes, C., 1982).

Um die Eßkultur der andalusischen Mauren und Juden richtig verstehen zu können, ist es erforderlich, sich wenigstens die Grundlagen der Diätregeln der jüdisch-arabischen Medizin, wie sie in al-Andalus praktiziert wurden, zu vergegenwärtigen. Man aß schließlich nicht nur aus reiner Lust. Das Essen war auch ein Teil des täglichen Vorbeugens gegen Krankheiten und körperliches Unwohlsein. Die großen medizinischen Zentren Granada, Córdoba und Toledo waren weit über die Landesgrenzen bekannt; ihre Mediziner erlangten als Leibärzte der Könige und Fürsten Ruhm und Ehre an den europäischen und arabischen Höfen der damaligen Zeit. Viele der großen Ärzte, die ihre gelehrten Bücher auf arabisch schrieben, waren Juden. Die Medizingeschichte spricht daher von der "jüdisch-arabischen" Medizin in al-Andalus. So wie die Araber für alle kulturellen Einflüsse offen waren, waren auch ihre Mediziner empfänglich für altes Wissen und beschäftigten sich intensiv mit der Gesundheitslehre der griechischen und römischen Antike. Vieles, was das westliche Abendland längst vergessen hatte, kam so über den Umweg der jüdisch-arabischen Medizin wieder zurück nach Europa.

Der persische Arzt und Gelehrte Ali Ibn Rabban At Tabari (um 800 - 870) hat in seinem "Paradies der Weisheit" das altgriechische Elementenschema wiederbelebt und für die Medizin nutzbar gemacht. Den vier Elementen Erde, Luft, Feuer und Wasser werden die vier Wesenszustände warm, kalt, trocken und feucht entgegengesetzt. Diese treten dann im Menschen als Säfte namens Schwarze Galle, Blut, weiße Galle und Schleim auf. Es galt die Lehrmeinung, daß sich die Menschen nur sehr selten in einem völligen Gleichgewicht dieser vier Elemente befänden. Meist war eines davon im Überfluß vorhanden, und daher mußte mit entsprechender Diät dagegen angegangen werden. Als klassisches Beispiel mag der leicht reizbare und häufig überschäumend reagierende Mensch (nach heutiger Terminologie ein Choleriker) dienen, der zuviel Galle bzw. Feuer hat und daher keine scharfen Speisen und auch vorwiegend nur kalte oder leicht angewärmte Gerichte zu sich nehmen soll. Das Schema der Elemente und seine praktische Anwendung war den andalusischen Mauren und Juden wohl bekannt und so in Fleisch und Blut übergegangen, daß sich die tägliche Auswahl der Speisen innerhalb der Familie schon beinahe unbewußt daran orientierte.

Die maurische Küche ist aus den kulinarischen Traditionen der Römer, der Westgoten, der Juden, der Berber und der Araber entstanden. Die großen gastronomischen Vorbilder zur Zeit des Omaijaden-Kalifats in al-Andalus lagen aber in den damaligen Zentren arabischer Kultur: in Bagdad, Damaskus und Kairo. Die Araber kamen über den Maghreb nach Spanien, und auf ihrem langen Weg von der arabischen Wüste durch den Norden Afrikas waren sie natürlich auch kulturellen Einflüssen ausgesetzt, die sie mit auf die Iberische Halbinsel brachten. Die Ähnlichkeit marokkanischer, tunesischer und algerischer Küchentraditionen mit der der Mauren hat in dieser Tatsache sicher eine plausible Erklärung. Andererseits ist zu vermuten, daß viel von der maurischen Gastronomie nach dem Zusammenbruch der islamischen Herrschaft in Spanien und Portugal durch den Strom von Auswanderern in den Maghreb gebracht worden ist. Ursache und Wirkung sind - was die heutige Küche des Maghreb betrifft - demnach kaum mehr voneinander abzugrenzen.

Weitere gemeinsame Wurzeln moslemischer Gaumenfreuden sind der Koran und die Hadith-Sammlungen. Man muß kein Religionswissenschaftler sein, um Vergnügen an der Lektüre des islamischen Buchs der Bücher, des Koran, zu haben. Er gibt dem Muslim sehr lebensnahe Anweisungen, wie er sich in den verschiedensten Situationen zu verhalten hat. Für den Nichtmuslim ist die

Kenntnis des Koran Voraussetzung für das Verständnis islamischer Kulturen. Ergänzende Hinweise auf die Lebensgewohnheiten mohammedanischer Völker geben schließlich die "Hadithe", jene Sammlungen von Aussprüchen des Propheten, die von seinen Zeitgenossen nach seinem Tode zusammengetragen wurden. In ihnen wird deutlich, daß der große Religionsstifter ein Mensch aus Fleisch und Blut war, der sehr viel Verständnis für die großen und kleinen Schwächen seiner Mitbürger aufbrachte.

Im Koran findet sich die zentrale Stelle, die die Eßgewohnheiten der Muslime regelt: "O ihr, die ihr glaubt, esset von den guten Dingen, mit denen wir euch versorgten, und danket Allah, so ihr ihm dienet. (2. Sure - 167). Verwehrt hat er euch nur Krepiertes und Blut und Schweinefleisch und das, über dem ein anderer als Allah angerufen ward (2 - 168)". Mit dem Nachsatz war das Götzenopferfleisch gemeint. An anderen Stellen des Koran werden diese wenigen Gebote und Verbote noch etwas näher erklärt. Spaniens Muslime haben sich in allen Jahrhunderten ihrer Gegenwart auf der Iberischen Halbinsel recht streng an diese Grundregeln gehalten. Ihre Speisevorschriften ähneln im großen und ganzen den jüdischen, und diese kulturelle Gemeinsamkeit war ein weiterer gewichtiger Grund dafür, daß beide Bevölkerungsgruppen in al-Andalus so lange miteinander ausgekommen sind und sich gegenseitig befruchtet haben.

In der Hadith-Sammlung des Sahih al-Buhari gibt es eine Reihe ergänzender Hinweise auf die spartanischen Eß- und Speisegewohnheiten in frühislamischer Zeit. Der langjährige Diener des Propheten, Anas Ibn Malik, der das biblische Alter von 103 Jahren erreicht haben soll, berichtet: "Als der Prophet Safiya heiratete, rief ich die Muslime zum Essen zusammen. Der Prophet ließ Lederteppiche auf dem Boden ausbreiten, und Datteln, Quark und Butter wurden darauf angerichtet!" Zwar nahmen die Mauren und ihre Glaubensbrüder die Speisen nicht mehr auf dem Fußboden ein, aber ihre Vorliebe für die süßen Datteln und Milchprodukte blieb seit der Zeit des Propheten unverändert.

Das Gastmahl war schon in präislamischer Zeit eine Tradition der Araber, und so verwundert es nicht, wenn man vom gleichen Anas erfährt, daß der Prophet gesagt haben soll: "Wenn Du zu einem rechtschaffenen Muslim kommst, dann iß und trink mit ihm". Essen und Trinken spielten später gerade bei den Mauren eine zentrale Rolle. Beides war im sozialen Leben der ganzen Bevölkerung und nicht nur in der reichen Oberschicht ein fest verankerter Brauch. Das heutige andalusische Lebensgefühl spiegelt diese Tradition wieder. Die Cafés, Bars, Tavernen und Restaurants Andalusiens sind immer gut besucht, und nur die Tatsache, daß es so viele davon gibt, macht es häufig möglich, zu den Stoßzeiten noch einen Platz zu ergattern. Bei ihrer Liebe zum Essen und Trinken lassen die Andalusier unverändert maurische Opulenz walten.

Eine für die Küchengeschichte interessante Episode aus dem Leben Mohammeds erfahren wir von Abdullah Ibn Abbas, seinem Vetter. Er berichtet: "Halid Ibn al-

Walid, der "Schwert Gottes" genannt wird, erzählte, er sei einmal mit dem Gesandten Gottes zu Maimuna gegangen, die seine und meine Tante mütterlicherseits ist. Und Maimuna hatte gerade eine gebackene Eidechse im Haus, die ihre Schwester Hufaida Bint al-Harit aus dem Nagd mitgebracht hatte. Diese Eidechse servierte sie dem Gesandten Gottes. Der Prophet rührte im allgemeinen keine Speise an, bevor man ihm sagte, um was es sich handelt. An diesem Tag aber griff er nach dem Essen, ohne zu wissen, was es ist. Da sagte eine der Frauen: "Sagt doch dem Gesandten Gottes, was das ist! O Gesandter Gottes, es ist eine Eidechse!" Da zog er seine Hand zurück. Halid Ibn al-Walid fragte: "O Gesandter Gottes, ist der Genuß von Eidechsenfleisch verboten?" - "Nein", erwiderte er, "aber dieses Tier kommt im Land meines Volkes nicht vor, aus diesem Grund möchte ich es nicht essen!" Halid Ibn al-Walid ergänzte zu seinem Bericht: "Ich zerlegte die Eidechse und aß sie. Der Gesandte Gottes schaute mir dabei zu" (al-Buhari, 1991). Der Prophet zeigte Toleranz gegenüber seinen Mitmenschen, die andere Eßgewohnheiten hatten, aber er verlangte auch von seinen Partnern, daß sie seine Vorlieben akzeptierten. Interessant ist besonders seine Forderung, vor dem Eßgenuß genau über die Zusammensetzung des bevorstehenden Mahles informiert zu werden. Dieser Brauch sollte eine Selbstverständlichkeit in der gehobenen Gastronomie sein, denn Genuß hat sehr viel mit Verständnis zu tun, und die Aufklärung über die Speisen war nach islamisch-maurischem Verständnis bereits ein Stück der Eßkultur.

Prasserei entsprach nicht der maurischen Lebens-philosophie. Die Moslems wurden vom Propheten immer wieder zum Maßhalten beim Essen angespornt. Abu Huraira, ein Weggefährte des Propheten, der sich seinen Unterhalt als Tagelöhner verdiente, berichtete, der Gesandte Gottes habe gesagt: "Ein Essen für zwei Personen reicht auch für drei! Und ein Essen für drei Personen ist genug für vier!" An anderer Stelle zitiert er seinen Meister: "Der Gläubige ist mit wenig Essen zufrieden!". Wie das Verbot von Schweinefleisch, das zu den Zeiten des Propheten aufgrund der bestehenden hygienischen Verhältnisse häufig mit Trichinen und anderen Parasiten infiziert war, hatte der Aufruf zum Maßhalten durchaus eine "gesundheitspolitische" Relevanz, die wir erst heute so richtig verstehen. Abu Huraira hat uns übrigens noch eine andere Gewohnheit Mohammeds überliefert: "Niemals rügte der Prophet ein Essen. Wenn es ihm schmeckte, aß er. Und wenn es ihm nicht schmeckte, ließ er es stehen" (al-Buhari, 1991). Die einst große Toleranz der Araber allem Fremden gegenüber findet ihren Ausdruck u.a. auch in diesem Wort des Propheten.

SEPHARDISCHE FESTE

Die Sepharden beherrschten die große Kunst, auch bescheidene und billige Speisen durch ein paar wenige Kräuter aufzuwerten und reich im Geschmack sowie gleichzeitig bekömmlich für den Magen zu machen. Nichts anderes versucht die gegenwärtige spanische Küche. Zwiebeln und Knoblauch - Protagonisten spanischer Würzkräuter - haben ihren Ursprung in der sephardischen Küche. Der dritte im Bunde, die Blattpetersilie, stammt von den Mauren; sie ist eine weniger aromatische Variante des frischen Koriander und zeichnet sich gegenüber der Petersilie in unseren Breitengraden durch breite, fleischige und sehr geschmacksintensive Blätter aus. Diese drei Zutaten sind noch heute, zusammen mit dem Olivenöl, das Markenzeichen der andalusischen Küche. Die sephardischen Juden pflegten übrigens auf ihrem Eßtisch immer ein Schälchen Essig und ein Schälchen Salzwasser stehen zu haben. Man liebte es, den Bissen kurz einzutunken, nicht nur um ihn damit zu würzen, sondern auch um ihn leichter herunterschlucken zu können.

Die Küche der sephardischen Juden war, genau wie die jüdische Küche in anderen Teilen der Welt, ganz wesentlich auf das Festjahr der Gläubigen ausgerichtet. Traditionell war eine jüdische religiöse Feier von gutem Essen und Trinken begleitet. Der wöchentliche Sabbat und die vielen Festtage bedeuteten selbst für die Ärmsten eine kulinarische Herausforderung, die nicht nur im Familienkreis, sondern, soweit es ging, auch immer mit Freunden geteilt wurde.

Genau wie bei anderen jüdischen Gemeinden war auch bei den Sephardim der siebte Tag der Woche Sabbat. Es war der Tag der Ruhe, der Erholung, des Gebetes und der Einkehr. Jegliche Arbeit, die mit den Händen verrichtet werden mußte, hatte an diesem Tage zu ruhen. Dieses Gebot kannte auch beim Kochen und dem Feuermachen im Herd oder im Kamin keine Ausnahme. Kein Wunder, daß sich die Hausfrauen und Köche etwas einfallen lassen mußten, um am Sabbat trotzdem ein leckeres Mahl auf den Tisch zu stellen. Am häufigsten nahm man ein bereits am Vortage zubereitetes, kaltes Mahl zu sich. Da nur das Entzünden eines Feuers, nicht aber seine Benützung verboten waren, wendeten die Gläubigen unzählige Tricks an, Gerichte warm zu halten. In feuerfesten Tongefäßen konnte man Speisen auf Wärmeplatten über glühenden Kohlefeuern temperiert halten. Eine häufig praktizierte Art des Warmhaltens, insbesondere im Sommer, war das Einhüllen der Kochtöpfe mit den fertigen Speisen in schwere Wolltücher. Im Winter dagegen gab es den Brauch, Töpfe mit einem gut sitzenden Deckel zu verschließen und ins warme Bett mitzunehmen.

Daneben hatte sich auch eine Tradition der kalten Gerichte entwickelt, wobei die Phantasie der jüdischen Köche keine Grenzen kannte. Sie erfanden Pasteten, Gallerte, Aspike und Mousses in Hülle und Fülle. Vieles davon hat sich bis in unsere Tage in der spanischen und europäischen Küche erhalten.

Der Sabbat begann bereits am Abend vorher. Die Hausfrau entzündete die Kerzen im traditionellen Sab-

batleuchter und sprach den hebräischen Segen. Vierund-
zwanzig Stunden später endete der heilige Tag mit dem
Havdala, dem Ritus des Abschieds. Die versammelte
Familie und die Gäste des Hauses tranken dann gewürzten Wein wiederum im Lichterschein des Kandelabers,
um den Abschied vom Sabbat und die jetzt beginnende
neue Woche zu verdeutlichen. Das Abendessen am Tage
vor dem Sabbat war, entsprechend den wirtschaftlichen
Möglichkeiten der Familie, meist üppig. Da man noch
kochen und zubereiten durfte, gab es keinerlei kulinarische Beschränkungen und die andalusischen Juden ließen
es sich an diesem Abend wohl ergehen. Selbstverständlich floß dabei auch reichlich Wein.

Bei den Sephardim in al-Andalus war die "adafina"
das klassische Gericht für den Sabbat. In seiner einfach-
sten Form bestand es aus koscher geschlachtetem Lammfleisch oder Zicklein. Dies wurde in quadratische Stücke
geschnitten und in einem feuerfesten Tontopf mit reichlich Olivenöl, kleingeschnittenen Zwiebeln, Knoblauch,
Salz und aromatischen Kräutern wie Thymian, Lorbeer
und Majoran über einer glühenden Feuerstelle drei bis
vier Stunden langsam geschmort. Danach gab man noch
etwas Safran dazu und stellte es auf eine Kohlefeuer-
stelle, die die Nacht über weiter glühte und so das Essen
bis zum nächsten Mittag warm halten konnte. Diese
Zubereitungsart von Fleisch erinnert sehr an die noch
heute in Andalusien weit verbreitete Methode, das
"choto" (Zicklein) zu garen. Das Geheimnis des enormen
Wohlgeschmacks der "adafina" lag in der außerordentlich langen Garzeit bei kleiner Hitze.

Die "adafina" der reichen Juden enthielt über die erwähnten Zutaten hinaus noch wesentlich mehr. Neben Kichererbsen, Nudeln und harten Eiern gab man ihr Kalbfleisch, Hühnchen und gelegentlich sogar Dörrobst, meist in Form von getrockneten Pflaumen, bei. Die Art, wie die "adafina" serviert bzw. gegessen wurde, hat sich bis heute beim typisch kastilischen "cocido" erhalten: zunächst nahm man als ersten Gang die Flüssigkeit wie eine Suppe zu sich, danach folgten mitgekochte Kichererbsen sowie Gemüse, und schließlich servierte man das Fleisch als Hauptgang. Die bereits erwähnten "conversos", also jene Juden, die gezwungenermaßen oder freiwillig zum Christentum übertraten, haben, um die Ehrlichkeit ihres Glaubenswechsels den Nachbarn zu demonstrieren, gelegentlich die "adafina" mit Schweinefett und Schweinefleisch zubereitet. Da den Juden streng untersagt war, Blut zu essen, haben die Conversos aus dem gleichen Grund auch "morcilla", eine gewürzte Blutwurst, in die "adafina" gegeben. Schließlich hat sich dieses wohlschmeckende Gericht im christlichen Spanien als "cocido" durchgesetzt und ist heute eine rustikale, kastilische Delikatesse, von der kaum jemand weiß, daß sie eigentlich einmal jüdischen Ursprungs war. "El tocino ha hecho cristianos a muchos moros y judios, por lo muy sabroso que es." (Der Speck hat aus manchem Mauren oder Juden einen Christen gemacht, weil er so schmackhaft ist.) Dieses alte Sprichwort aus den Zeiten der Reconquista entstammt wohl eher der christlichen Propaganda als einer tatsächlichen Einsicht der Mauren und Juden.

Das jüdische Neujahrsfest, Rosch-ha-Schana, fällt in den September. In al-Andalus gab es den Brauch, an diesem Tage die ersten Früchte der neuen Saison zu sich zu nehmen, meist waren es Feigen oder Weintrauben. Außerdem mußte man bei der Gelegenheit eine besondere Art von Weißbrot mit Honig essen. Dies sollte die Süße des kommenden Jahres symbolisieren; scharfe oder salzige Gerichte vermied man konsequenterweise. Eine andere sephardische Tradition verlangte, daß dem Familienoberhaupt an Neujahr der Kopf eines Fisches serviert wurde. Die Bedeutung dieser Sitte ist nicht ganz klar. Im Hebräischen steht für die Begriffe Kopf und Anfang das gleiche Wort, nämlich "Rosch", möglicherweise wollte man mit dem Fischkopf den Jahresbeginn versinnbildlichen.

Nach neun Tagen ausgelassener Feiern zum Jahresbeginn folgte das Jom-Kippur-Fest, der Versöhnungstag, an dem man üblicherweise fastete. Am Abend vorher aß man in al-Andalus eine Suppe mit fleischhaltigen Raviolis. Diese mußte recht geschmacksneutral gewesen sein, denn man vermied Salz und scharfe Gewürze, um nicht am nächsten Fastentag zuviel Durst zu haben. Kurz darauf folgte dann das Laubhüttenfest oder Sukkot. Sieben Tag lang wurde Erntedank gefeiert. Nach dem winterlichen Lichterfest "Chanukka" folgte im Februar "Purim", die Fasnacht. Unsere heutigen Fasnachtskrapfen haben ihren Ursprung vielleicht im sephardischen Andalusien; dort fertigten die Konditoren zu "Purim" ein besonderes, mit Konfitüre gefülltes und in Olivenöl kroß gebratenes Backwerk an, das mit viel Wein heruntergespült werden mußte. "Purim" war die ausgelassene Zeit des Weines, der von den Sephardim außerordentlich verehrt wurde.

"Passah", das jüdische Ostern, war das wichtigste Fest des Jahres. Noch heute heißt Ostern auf spanisch "pascua" und erinnert damit an die iberischen Juden und ihren großen Feiertag. Für das Passah-Fest bzw. die Zeit davor gab es viele Gebote und Verbote, die alle mit bestimmten Riten und Zeremonien zusammenhingen. Für den Außenstehenden waren diese eine Wissenschaft für sich, für die jüdische Familie eine Selbstverständlichkeit, über die man nicht mehr nachzudenken brauchte. Passah, das "Fest der ungesäuerten Brote", war ebenfalls das Gedenken an den Auszug der Juden aus Ägypten, dem wohl wichtigsten Ereignis der jüdischen Geschichte. Aus kulinarischer Sicht spielte, wie in allen jüdischen Kulturen, auch im Lande Sepharad das "matsot", die Mazze, eine zentrale Bedeutung bei der Passah-Feier. Mazze ist ein sehr dünnes, recht fades Brot, dem keinerlei Treibmittel in Form von Hefe zugesetzt wurde.

Bereits lange bevor Griechenland und später Rom in der Antike ihre Macht entfalteten und damit ihre Küche die Kochtöpfe landauf und landab beherrschten, hatten die ägyptischen Juden wesentliche Nahrungsmittel für sich entdeckt. Man hatte gelernt, Sauerteig zu machen und damit erstmals ein lockeres Brot herzustellen, das sich im Gegensatz zu den dünnen, harten Fladen, die bis dahin aus Wasser und gemahlenem Getreide gefertigt wurden, auch in dicken Scheiben essen und sich mit Saucen vollsaugen ließ. In Ägypten fanden die Juden das

Lauchgemüse, das sie später in alle Welt tragen sollten. Zwiebel und Knoblauch wurden bald zum Inbegriff der jüdischen Kochkunst und sind es bis heute geblieben. Man erkannte bereits frühzeitig die gesundheitsfördernde Wirkung dieser Knollengewächse, und ihr regelmäßiger Genuß wurde mit hohem Alter in Verbindung gebracht. Da die Einstellung der Mauren zur Zwiebel und zum Knoblauch eher zwiespältig war - beides durfte nicht roh gegessen werden - und die Christen auch mehr auf Geruch als auf Geschmack achteten, ist anzunehmen, daß die heutige Vorliebe der spanischen Küche für Knoblauch und Zwiebel stark von den Sephardim beeinflußt ist, in jedem Fall bei der Verwendung von ungegartem Knoblauch und rohen Zwiebeln.

Im Gegensatz zu anderen jüdischen Gemeinden waren die Juden in al-Andalus in ihrer politischen und gesellschaftlichen Einstellung sehr liberal. Dennoch scheint es, daß sie sich peinlich genau an den überlieferten Geboten zur Bereitung von Speisen orientiert haben. In allen Städten und Dörfern, in denen Juden wohnten, gab es besondere Schlachthöfe für koscheres Fleisch. Auch die Vorschrift, Milch- und Fleischspeisen getrennt voneinander zu halten, wurde im Lande Sepharad strikt beachtet. Fisch wurde nicht als Fleisch angesehen und erfuhr daher eine andere Behandlung. Hühnchen, bei den Juden gleichermaßen beliebt wie bei den Muslimen, wurde von der Hausfrau so zubereitet, daß es den Gesetzten entsprechend koscher war.

TEIGWAREN AUS CHINA UND ANDERE
JÜDISCHE VORLIEBEN

An der Wende zum 9. Jahrhundert entstand zwischen dem Schwarzen und dem Kaspischen Meer ein merkwürdiger jüdischer Staat, der nicht nur für die europäische Kultur- und Wirtschaftsgeschichte von großer Bedeutung war, sondern der auch nachhaltigen Einfluß auf die europäische Gastronomie nahm. Das mysteriöse Reich der Chasaren, ein zum jüdischen Glauben übergetretenes Turkvolk, stellte seinerzeit einen Brückenpfeiler zwischen Ostasien und dem westlichen Europa dar (Keller, W., 1966). Die Sepharden im Westen suchten engen Kontakt mit ihren Glaubensbrüdern in diesem Staatsgebilde, und über eine persisch-jüdische Handelsgesellschaft, die sog. Rahdaniten (persisch = die den Weg wissen), gelangten bis ins 11. Jahrhundert unzählige exotische Waren aus dem fernen Orient auch nach al-Andalus. Lange vor Marco Polo hatten die Rahdaniten, unter denen viele Andalusier waren, China bereist und bis dahin im Westen unbekannte Tücher, Kosmetika, Früchte, Gemüse und Gewürze mitgebracht. Die für die Kulturgeschichte der Küche wichtigste Tat der Rahdaniten war die Entdeckung der chinesischen Teigwaren. Sie brachten sie nach al-Andalus, wo sie begeistert aufgenommen wurden. Nudeln, ob als "Rundnudeln" (z.B. die heutigen Spaghetti etc.) oder als "Taschennudeln" (die heutigen Ravioli etc.) waren bald eine begehrte Speise auf den festlich gedeckten Tafeln der andalusischen Juden und Mauren. Da man die industrielle Nudelherstellung noch nicht kannte, mußte man sich an ein von den Chinesen entwickeltes, kompliziertes handwerkliches Verfahren halten. Dies erforderte Geschick sowie viel Zeit, und entsprechend teuer waren die begehrten Teigwaren. In al-Andalus konnten sich nur die reichen jüdischen Kaufleute oder die maurische Oberschicht diesen gastronomischen Luxus leisten.

Die Mauren faßten die verschiedenen Nudeln unter dem Namen "fidaws" zusammen. Sie unterschieden dabei zwischen drei Grundformen. Die langen dünnen Vorläufer der späteren Spaghetti, die heute noch im Spanischen ihren arabischen Namen "fideos" tragen, entsprechen am ehesten den Fadennudeln. Daneben gab es die "Vogelzungen", wohl der Vorläufer der späteren Bandnudeln. Das Feinste vom Feinen waren allerdings die "Papierblätter", zarte und ganz dünne Teigwaren, die unterschiedlich verarbeitet wurden und wohl als Mutter der Lasagne und Ravioli angesehen werden müssen.

Vom maurisch-jüdischen Spanien traten die Teigwaren ihren Siegeszug rund um das Mittelmeer an. In Italien haben sie viel später eine neue Heimat gefunden. Der Phantasie der Italiener in Sachen Nudeln waren offenbar keine Grenzen gesetzt, und so entstand aus den andalusischen Prototypen im Verlaufe der Jahrhunderte eine eigenständige gastronomische Richtung. Die italienische Küchengeschichtsschreibung erkennt zwar die chinesische Herkunft der "pasta" an, überläßt aber dem venezianischen China-Reisenden Marco Polo die Entdeckung der Nudeln für Europa. Die große Beliebtheit der feinen und zarten Spezialitäten aus dem fernen China bei den Juden in al-Andalus geht jedoch eindeutig aus rabbinischen Schriften zur Speisegesetzgebung hervor, die bereits 400 Jahre vor Marco Polo verfaßt wurden. Somit steht fest, daß der Ursprung einiger der beliebtesten Gerichte unserer Tage bei den andalusischen Sephardim zu suchen ist und nicht, wie ihr Selbstbewußtsein gelegentlich suggeriert, bei den Italienern.

Die maurisch-jüdische Küche hat sich mit der Vertreibung ihrer Urheber aus Spanien rund um das Mittelmeer und den Vorderen Orient verbreitet. Ein gutes Beispiel für ihren Einfluß auf dem Balkan ist das Auberginenpüree oder der sogenannte "Auberginen-Kaviar".

REZEPT: AUBERGINEN-"KAVIAR"

Für vier Personen röste man zwei mittelgroße Auberginen im Ofen gar. Danach entferne man die Schale, die sich nun mühelos abziehen läßt. Die geschälte Frucht passiere man durch ein feines Sieb. In das entstandene Püree mische man feingehackte grüne Zwiebeln oder einige zerdrückte Knoblauchzehen. Um das Braunwerden zu verhindern, füge man den Saft einer halben Zitrone hinzu. Schließlich schmecke man mit Salz und Pfeffer ab. Olivenöl mische man entweder bereits beim Pürieren bei oder stelle es auf den Tisch und jeder Gast bediene sich nach eigenem Gutdünken. Dazu serviere man Weißbrot.

Eine beinahe alltägliche Küchengewohnheit ist über die sephardischen Juden nach Nordeuropa gekommen:

die Kombination von Zitrone und Fisch. Die Sephardim haben dies ihrerseits von den Ägyptern übernommen. Noch heute sind Rezepte des ägyptischen Zitronenfischs in allen einschlägigen jüdischen Kochbüchern zu finden. Aber nicht nur die komplizierte Zitronensauce, sondern auch die frische Zitrone als Beilage zu Fisch und Meeresfrüchten ist durch die spanisch-jüdischen Küche in das Repertoire europäischer Köche gelangt. Schließlich geht das Panieren von Fisch und Fleisch auf die Sephardim zurück, die es ihrerseits wahrscheinlich von den Byzantinern übernommen hatten. Noch eine weitere kulinarische Besonderheit des al-Andalus ist jüdischen Ursprungs. Der Rosensirup und die kandierten Rosenblüten. Zur Herstellung dieser Köstlichkeiten wurde nur die zartblütige und betörend duftende "rosa centifolia" benutzt. Rosensirup war in jüdischen und später auch muslimischen Haushalten eigentlich immer verfügbar. Er wurde in kleine helle Fläschchen abgefüllt, damit man seine schöne, tiefrote Farbe bewundern konnte. Im Sommer verdünnte man den Rosensirup oft mit kaltem Wasser, säuerte ihn mit ein paar Spritzern Zitronensaft an und servierte ihn als Erfrischungsgetränk. Im Winter gab man ihn zu heißem Früchte- oder Minzetee. Kandierte Rosenblüten sind sehr schwer herzustellen und waren schon immer die Domäne erfahrener Konditormeister. Sie sind eine der schönsten und raffiniertesten Süßigkeiten, die man sich denken kann. Leider gibt es immer weniger Menschen, die diese Delikatesse wertschätzen und entsprechend selten sind die Künstler geworden, die sie noch auf traditionelle Art und Weise anfertigen können.

VON KRÄUTERN UND ANDEREN DINGEN

Über 500 Jahre nach dem gewaltsamen Ende maurischer Herrschaft auf dem europäischen Kontinent deuten noch immer viele unserer Lebensgewohnheiten auf die maurisch-arabisch-jüdische Vergangenheit hin. Aber auch ohne die vielen Spezereien und Gewürze, die über das maurische Spanien nach Nordeuropa gekommen sind, wäre die Küche so mancher Gourmettempel vermutlich langweilig und fade. Selbst die lukrative Duftstoffindustrie der Parfüms, Deodorants und Rasierwässer wäre um etliches ärmer ohne das maurische Erbe.

Der bereits erwähnte Ibn Dschubair aus Granada beschrieb in blütenreicher Sprache die kulinarischen Genüsse, die er einst in Mekka, dem Ziel seiner Pilgerreise, gesehen und erfahren hatte. Da man im allgemeinen nur mit Namen benennen kann, was man bereits kennt, gibt Dschubairs interessante Schilderung auch Aufschluß über die Eßgewohnheiten der spanischen Mauren. Er schreibt u.a.: "Bezüglich der Nahrungsmittel, Früchte und anderer guter Dinge hatten wir angenommen, daß Spanien vor allen anderen Regionen besonders begünstigt sei. So war es bis zu dem Augenblick, als wir hierher kamen und Mekka überfüllt fanden von guten Sachen und Früchten wie Feigen, Trauben, Granatäpfeln, Quitten, Pfirsichen, Zitronen, Walnüssen, Früchten des muql-Baumes, Palmfrüchten, Melonen, Gurken sowie allen Gemüsesorten wie Eierfrüchten, Kürbissen, Rüben, Möhren, Kohl und anderen aromatischen, süß riechenden

Pflanzen. Die meisten dieser Gemüsesorten wie Eierfrüchte, Gurken und Melonen sind das ganze Jahr hindurch zu bekommen. Das sind unsere bemerkenswerten Beobachtungen."

Daß Dschubair ein, wie man heute sagen würde, ausgesprochener Gourmet war, läßt sich aus seiner feinfühligen Beschreibung des Aromas der Melonen in Mekka ableiten: "Wenn jemand sich dir mit einer Melone nähert, dann stellst du zuerst den zu dir gelangenden Wohlgeruch fest, so daß du am liebsten aus Vergnügen über die Süße hineinbeißen würdest. Wenn du sie kostest, scheint sie dir wie kandierter Zucker oder allerfeinster Honig zu sein." An anderer Stelle geht er auf die verschiedenen Milchsorten ein und meint, daß alle daraus hergestellte Butter "wegen ihres Wohlgeschmacks kaum von Honig zu unterscheiden ist". Auch vom Wohlgeschmack der Mandeln, des Zuckerrohrs, der Rosinen und der Datteln weiß er zu berichten (Ibn Dschubair, M., 1985).

Die Mauren und Juden von al-Andalus trieben regen Handel mit ihren jeweiligen Glaubensbrüdern in Kleinasien. Almería, Málaga, Cádiz und Ceuta waren die Häfen von denen aus die andalusischen Schiffe in großer Zahl in Richtung östliches Mittelmeer ablegten. Im Hochmittelalter hatten die nordeuropäischen Länder bereits intensiven Kontakt mit der Kultur des vorderen und mittleren Orients. Die Kreuzritter waren aus dem Heiligen Land zurückgekommen und hatten wundersame Gewürze und Kräuter mitgebracht, die sie auf dem Wege kennengelernt und auf den orientalischen Märkten erstanden hatten. Langsam entwickelte sich bei unseren Vorfahren ein echtes Bedürfnis für die fremdländischen Essenszutaten, und der Handel mit diesen Produkten begann ein wichtiger Wirtschaftsfaktor zu werden. Al-Andalus wurde hierbei zu einem bedeutsamen Vermittler. Das große Geschäft mit den Gewürzen machten zwar letztlich die Venezianer, aber Andalusien ging auch nicht leer aus und wurde zum gefragten Exporteur insbesondere von exotischen Trockenfrüchten und -gemüsen (Heyd, W., 1984).

Da Handel in jenen Tagen immer Warenaustausch bedeutete, die nordeuropäischen Länder aber häufig nicht in der Lage waren, Dinge anzubieten, die auf den andalusischen Märkten genügend Interesse fanden, wurde in al-Andalus kurzerhand ein neues kulinarisches Bedürfnis geschaffen, welches durch den Import aus dem Norden befriedigt werden konnte. In den kalten Gewässern des Atlantik gab es reichlich Kabeljau, und seine Konservierung durch Einsalzen war schon damals eine uralte Methode der Fischer an den englischen, skandinavischen und deutschen Küsten. Diese trieben bereits mit den Phöniziern und später den Römern einen regen Handel. Der Stockfisch ("bacalao") ist so zu einem mediterranen Nahrungsmittel geworden. Auch die Händler von al-Andalus tauschten diese eiweißreiche Kost in großen Mengen gegen die eigenen Produkte. Gesalzener Kabeljau ist fast unbegrenzt haltbar und mehr oder weniger unempfindlich gegen die sommerliche Hitze Südeuropas. In allen Basaren zwischen Lissabon und Valencia sowie Toledo und Málaga hing der "bacalao" an Schnüren und verbreitete seinen unverwechselbaren Geruch. Er wurde schnell zu einer vielgeliebten und äußerst vielseitig verwendbaren Zutat in der maurischen Küche. Schließlich machten ihn die portugiesischen Nachfolger der Mauren gar zu ihrem Nationalgericht. Mittlerweile ist die paradoxe Situation eingetreten, daß der gesalzene Fisch fast völlig aus dem kulinarischen Bewußtsein der Nordeuropäer verschwunden, in Spanien, Portugal und anderen Mittelmeerländern jedoch ein Charakteristikum der nationalen Küche geblieben ist. Noch immer kommt diese Delikatesse ausschließlich aus den nordischen Ländern auf die Iberische Halbinsel.

Es würde den Rahmen dieses Buches sprengen, wollte ich auf all die vielen Gewürze und sonstigen Spezereien eingehen, die in der Küche von al-Andalus Anwendung fanden. Ich möchte jedoch versuchen, eine kleine Auswahl dessen vorzustellen, von dem ich glaube, daß es ganz typisch für den damaligen Geschmack war. Gleichzeitig würde ich gerne den phantasievollen Gourmet von heute anregen, mit den einen oder anderen Kräutern oder Gewürzen im Sinne der maurisch-andalusischen Küche zu experimentieren. Die Ergebnisse können ausgesprochen aufregend ausfallen und dem Experimentator eine neue Dimension der Gaumenfreuden eröffnen.

"Wer Knoblauch ißt, riecht danach", dieses alte maurische Sprichwort läßt ahnen, wie beliebt das "Gewürz der Gewürze" war. Abdulaziz, ein Freund des Propheten weiß zu berichten: "Jemand fragte Anas Ibn Malik: "Hat der Prophet etwas über den Knoblauch gesagt?" Anas erwiderte: "Ja, er sagte: Wer Knoblauch ge-

gessen hat, soll sich ja nicht unserer Moschee nähern!"
Ein Kriegsgefährte Mohammeds, Gabir Ibn Abdullah hat
uns einen ganz ähnlichen Prophetenausspruch hinterlassen: "Wer Knoblauch und Zwiebeln gegessen hat, soll
sich von uns und unserer Moschee fernhalten" (al-Buhari, 1991). In beiden Fällen wird von "uns" und "unserer
Moschee" gesprochen, was soviel bedeuten kann, daß der
Prophet nichts Grundsätzliches gegen Knoblauch und
Zwiebeln hatte, nur konnte er den Gestank wohl nicht
ausstehen und wollte ihn nicht in seiner Nähe haben.

Die Mauren waren große Verehrer des Knoblauchs.
Sie wußten um seine heilsamen Wirkungen, und in der
maurisch-jüdischen Medizin spielte er in der Therapie
verschiedenster Krankheiten eine bedeutende Rolle.
Trotzdem hielt man es mit dem Propheten, Knoblauchgeruch galt auch bei den Mauren im allgemeinen als absto-
ßend und das nicht nur für Menschen: selbst die bösen
Geister ließen sich mit ihm vertreiben. Ähnlich wie der
Knoblauch wurde in Bezug auf die Geruchsbelästigung
auch die Zwiebel gesehen. In der Küche durften bei den
Mauren Knoblauch und Zwiebeln daher nur gekocht benutzt werden; man verzehrte sie niemals roh. Dies spiegelt sich noch heute im Umgang der spanischen Küche
mit dem Knoblauch wider. Knoblauch darf mit gutem
Grund das "spanische Gewürz" schlechthin genannt werden; kaum ein Gericht verzichtet auf ihn als Zutat. Immer
wird er jedoch entweder gebraten oder gekocht, so daß
die gasförmigen, scharf und penetrant riechenden Stoffe
entweichen können und nur der nussige, süßliche Geschmack als zarte Würze übrigbleibt.

Eine der wenigen kulinarischen Ausnahmen der spanischen Küche, die rohen Knoblauch fordert, ist der berühmt-berüchtigte "Ajoblanco". Dies ist eine Kaltschale aus Mandelmilch, rohem Knoblauch, Essig, Öl und Salz, in der gelegentlich ein paar geschälte und entkernte weiße Trauben zu finden sind. Das Rezept ist ursprünglich mozarabisch, d.h. es wurde von den zum Islam übergetretenen Christen in al-Andalus entwickelt (Martínez Llopis, M. M., 1989). Für Knoblauchfreunde ist diese Speise, insbesondere gekühlt im Sommer, eine ganz große Delikatesse. Was die Mozaraber dazu gebracht haben mag, auf diese Art den sonst so verpönten rohen Knoblauch zu genießen, ist unbekannt. Es gibt ein paar Hinweise, daß ursprünglich der Saft von gekochtem Knoblauch Bestandteil des "ajoblanco" war, und daß erst spätere Generationen an der Schärfe der rohen Zehen Gefallen gefunden haben. Wahrscheinlich ist, daß der rohe Knoblauch über die spanischen Juden in die mediterrane Küche gelangt ist. Ein spanisches Sprichwort aus dem 19. Jahrhundert behauptet "pan, vino y ajo crudo hacen andar al mozo agudo" (Brot, Wein und roher Knoblauch machen einen Jüngling geistreich). Interessant an dieser Aussage ist die Verbindung von Wein mit Knoblauch. Jüdische Ärzte in al-Andalus haben immer wieder darauf hingewiesen, daß Knoblauch die Verträglichkeit des Weines erheblich verbessert, und ihre "inoffizielle" Empfehlung war, vor Zechgelagen hinreichende Mengen rohen Knoblauchs zu verzehren. Die Juden hatten offenbar keinerlei Probleme mit dem Knoblauchgeruch. Eine andere Empfehlung, vermutlich aus dem christlichen Lager, war, Rotwein gegen den "feurigen Atem" nach Knoblauchgenuß zu trinken; der Wein sollte gleichsam das Feuer im Munde löschen. Im Lichte der modernen Wissenschaft kann man diese Kombination auch noch aus einem anderen Grunde empfehlen: Beides, Knoblauch und Wein, mäßig, jedoch regelmäßig zu sich genommen, verhindern oder verlangsamen die Entstehung der gefürchteten Arterienverkalkung (Arteriosklerose). Schließlich sei noch auf den kulinarischen Aspekt dieser Kombination hingewiesen. Knoblauch und Wein können sich am Gaumen ganz hervorragend ergänzen und in der richtigen Kombination ein Feuerwerk von Geschmacksempfindungen hervorrufen. Auch dies ist wenig bekannt und verdiente näher betrachtet zu werden.

Die Araber hatten ihre Liebe zum Knoblauch durch den Kontakt mit der jüdischen Küche entdeckt. Die "scharfen Grünkräuter", insbesondere Knoblauch, Zwiebeln und Porree, waren seit Urzeiten in der Küche des östlichen Mittelmeeres bekannt. Von dort eroberten sie schon sehr früh den Orient, wie eine Handschrift in Sanskrit aus dem 5. Jahrhundert belegt. Die Juden sprachen dem Knoblauch fünf Eigenschaften zu: "Er sättigt, erwärmt, macht das Gesicht leuchtend, vermehrt das Sperma und tötet die Würmer in den Därmen" schrieb Julius Preuss in seiner Darstellung der talmudischen Medizin. Unter der Vermehrung des Sperma war im vorliegenden Text die aphrodisische Wirkung des Knoblauchs gemeint. Noch bis in die heutigen Tage lebt diese Vorstellung in den Balkanländern weiter. Zweifelsohne mußten beide Partner Knoblauch essen, denn einseitiger Knoblauchverzehr kann wohl kaum ein "Aphrodisiakum" sein.

Die Inquisition, deren Aufgabe es u.a. war, vom Islam oder Judentum konvertierte Christen zu überwachen und sie beim geringsten Verdacht auf Beibehaltung ihres ursprünglichen Glaubens den Gerichten zu überstellen, hatte ein ganz besonders ablehnendes Verhältnis zum Knoblauch. Knoblauch war für sie so eng mit dem jüdisch-maurischen Kulturkreis verbunden, daß sein Verzehr bzw. sein entsprechender Geruch häufig schon für die Einleitung eines Verfahrens wegen Ketzerei ausreichte. Lange konnte dies allerdings nicht aufrecht erhalten werden, denn Knoblauch war mittlerweile so beliebt, daß auch alteingesessene Christen nicht mehr auf ihn verzichten wollten. Dies hat sein Überleben im christlichen Spanien schließlich gesichert. Andere Spezereien, wie z.B. der Kreuzkümmel und der Koriander, hatten nicht so zahlreiche Förderer. Sie fielen daher der Inquisition anheim und verschwanden für Jahrhunderte aus dem Küchenschatz der Iberischen Halbinsel.

Eine kleine Besonderheit maurischer Kochkunst waren Zwiebeln mit Honig. Man kochte kleine, junge Zwiebeln in einer pikanten Gewürzmischung, bei der Safran nicht fehlen durfte. Danach wurde Honig hinzugefügt und alles soweit eingekocht, bis die Zwiebeln einen goldbraunen Überzug hatten. Diese Honigzwiebeln servierte man besonders gerne zu Geflügel.

"Das gute Kraut" (Hierba buena) wird die Minze, wohl im Gegensatz zum Unkraut (Hierba mala), in Spanien genannt. Bereits diese Wortschöpfung verrät etwas von der Bedeutung, die Minze einst als Küchen- bzw.

Medizinalpflanze hatte. Im maurischen Andalusien gab es keinen Garten, in dem nicht in einer Ecke einige Minzestauden standen. Man unterschied zwischen verschiedenen Sorten. Die beliebteste, weil am aromatischsten, war diejenige mit der botanischen Bezeichnung "menta sativa". Die spanischen Christen waren besonders von der heilenden Wirkung der Minze bei Magenerkrankungen überzeugt und weihten die Pflanze der Jungfrau Maria. Unter dem Namen "Blätter der heiligen Maria" (Hojas de Santa María) war sie lange im spanischen Volksmund bekannt.

Minze wurde in der maurische Küche vorwiegend im Zusammenhang mit Fleisch benutzt. Die Engländer haben diese Gewohnheit wohl später übernommen und die "mint sauce" mit Lammfleisch zu einem ihrer Nationalgerichte gemacht. Natürlich wurde die Minze auch als Getränk in Form von sehr süßem Tee zubereitet, ähnlich wie dies noch heute in Marokko üblich ist. Ein besonders erfrischendes Sommergetränk war kühler Pfefferminztee mit Maulbeer- oder Brombeersaft und Rosenwasser versetzt. Auch in Granatapfelsaft gab man gelegentlich einige Blätter Minze. Dem Duft der Minze sagte man auch nach, ein starkes Aphrodisiakum zu sein; daher war Pfefferminzöl bei der Herstellung von Duftstoffen sehr beliebt.

Ein besonders anregendes Hausmittel, dem wahre Wunderkräfte bei der Liebe zugeschrieben wurden, war eine aromatische Pfefferminzpaste. Sie bestand aus kleingehackter, frischer Minze, Zucker und Rosenwasser. In der Hochzeitsnacht offerierte die Braut dem Bräutigam einen Löffel davon und nahm selbstverständlich selbst auch einen zu sich. Ob die Lust aneinander dadurch noch gesteigert werden konnte, sei dahingestellt, in jedem Fall war der Atem des Geliebten frisch und wohlriechend, was mit Sicherheit als angenehm empfunden wurde.

ANDALUSISCHER GEWÜRZGARTEN

Zu den begehrtesten Spezereien in al-Andalus gehörten die Muskatnuß und die Muskatblüte oder auch
Macis genannt. Wieder waren es die östlichen Araber,
die diese Gewürze aus Indien in den Mittelmeerraum
brachten (Heyd, W., 1984). Der Name Muskatblüte ist
übrigens botanisch falsch: Es ist nicht die Blüte des Mus-
katbaumes, sondern der Samenmantel, der die eigentliche
Muskatnuß und deren Schale umgibt. Zu allen Zeiten war
die Macis wesentlich teurer als die Muskatnuß. Ihr inten-
sives orientalisches Aroma machte sie zu einem außerordentlich begehrten Gewürz, welches in al-Andalus unter
anderem auch zum Würzen von Wein verwandt wurde.

Die Gewürznelken wuchsen während des gesamten
Mittelalters ausschließlich auf den Molukken. Von dort
kamen sie u.a. nach Java und Ceylon, wo sie die Araber -
die das Ursprungsland überhaupt nicht kannten - kauften
und in den Westen brachten. Aufgrund der langen Reise,
die sie hinter sich bringen mußten und der vielen Zwi-
schenhändler, die dabei gutes Geld verdienten, waren sie
sehr teuer. In al-Andalus mußte man für Gewürznelken
einen zwei- bis dreimal höheren Preis als für schwarzen
Pfeffer bezahlen. Diesen holte man sich direkt aus Indien
oder Ceylon. Obwohl seine Herkunft eigentlich bekannt
war, rankten sich verschiedene Legenden um den
schwarzen Pfeffer. Andalusische Köchinnen wußten zum
Beispiel von Schlangen, die um die Pfeffersträucher
herum hausten und durch Feuer vertrieben werden muß-

ten, wodurch die Pfefferkörner schwarz und dürr wurden. Weißen Pfeffer, der nichts anderes als geschälter schwarzer Pfeffer ist, kannte man in al-Andalus so gut wie nicht.

Auch Ingwer wurde aus dem Morgenlande in großen Mengen nach al-Andalus exportiert. Dort kam er teils frisch, teils in Zuckersirup eingelegt in den Handel. Den andalusischen Gourmets diente Ingwer hauptsächlich zum Würzen von Fleisch- und Fischspeisen. Schließlich müssen noch Zimt und Kardamon erwähnt werden, die als orientalische Gewürze eine wichtige Rolle in der andalusische Küche spielten.

Eine Sonderstellung innerhalb der Gewürze nahm der Asant ein. An ihm schieden sich die Geschmäcker. Bereits die deutsche Übersetzung läßt erkennen, was man im Abendlande von diesem orientalischen Gewürz hielt: Man nannte es Stinkasant oder Teufelsdreck. Asant, heute meist unter dem Namen Asa foetida bekannt, ist tatsächlich ein unangenehm riechendes Gummiharz. Es stammt aus verschiedenen Arten der "Ferula", einem weit verbreiteten Schirmgewächs. In den Wurzelstock der Stauden-Pflanze wurden Kerben geschnitten, aus denen dann das Harz quoll und sich an der Luft verfestigte. Dieses getrocknete Harz war Heilmittel und begehrtes Gewürz zugleich. Während die arabischen Medizinmänner Asant als krampflösendes Nervenberuhigungsmittel empfahlen, galt es im fernen Indien als Aphrodisiakum. In die nordeuropäische Medizin ist es schließlich als Wurmmittel aufgenommen worden. Die wirkliche Bedeutung des Asant lag allerdings in seiner großartigen Eigenschaft, Speisen zu verfeinern.

Asant war bei den andalusischen Arabern unter dem Namen "anjudan" bekannt und spielte neben seiner medizinischen Bedeutung eine erhebliche Rolle in der maurischen Küche. Es war gleichsam das "Maggi" jener Tage. Ursprünglich kam dieses wenig gut duftende Harz aus Afghanistan, von wo es sich über Indien, den Vorderen Orient nach Nordafrika ausbreitete. Von dort wurde es schließlich von den Mauren nach Spanien gebracht. Asant wurde manchen Gerichten entweder als grobe oder feingemahlene Harzstückchen beigemengt und mitgekocht. Seine Hauptwirkung bestand darin, "in einfache Gerichte einen köstlichen Geschmack zu zaubern" - wie sich ein maurischer Zeitgenosse ausdrückte. Tatsächlich verleiht Asant insbesondere Gemüse eine ganz besondere Würznote, die den Eigengeschmack betont und dem Gericht eine enorme Rafinesse verleiht. In der andalusischen Küche wurde Asant gerne im Zusammenhang mit Pilzen benutzt, wobei auch die Kombination mit Kreuzkümmel beliebt war.

Erstaunlicherweise hat sich Asant, wie übrigens auch der Koriander, nicht in der europäischen Küche heimisch machen können. Beide Gewürze haben ein sehr eigenartiges Aroma und entfalten ihre wunderbaren Eigenschaften erst beim Kochen. Vielleicht war es der abstoßende Geruch, der die nordischen Köche abgeschreckt hat, mit diesen beiden kulinarischen Köstlichkeiten zu experimentieren. Wie beim Asant ist der deutsche Name für den frischen Koriander bezeichnend für die Wertschätzung dieses sehr typisch maurischen Gewürzes: Man nannte es "Wanzenkraut". Wer wollte schon Stinkasant und Wanzenkraut in der Küche haben!

Wenig andere Gewürze waren so charakteristisch für die maurisch-andalusische Küche wie der Koriander. Er ist sowohl den Gewürzen als auch den Kräutern zuzurechnen, denn seine petersilienähnliche Pflanze fügt man den Speisen frisch hinzu, während die aromatischen, stecknadelkopfgroßen runden Früchte getrocknet werden. Den Geschmack des frischen Koriander zu beschreiben, fällt sehr schwer, da es eigentlich nichts Vergleichbares gibt. Der Duft der grünen Blattwanzen, die manchmal auf Himbeeren sitzen, kommt dem Aroma des Koriander nahe. Vielleicht war es diese Ähnlichkeit, die Pate für den deutschen Namen „Wanzenkraut" stand. Man benutzte ihn in al-Andalus in ganz ähnlicher Weise wie heutzutage die Petersilie. Gehackte Korianderblätter wurden auf die Speisen gestreut oder einfach mit dem Essen gekocht. Noch heute zählt dieses Kraut in allen arabischen Ländern zu den Standardzutaten und gibt der jeweiligen Küche die besondere Nuance. Es ist kaum verständlich, warum der charaktervolle Koriander aus dem kulinarischen Bewußtsein Europas fast verschwunden ist und der eher langweiligen Petersilie das Feld geräumt hat. Die getrockneten Korianderfrüchte haben geschmacklich so gut wie gar nichts mit dem Kraut zu tun. Sie schmecken sehr intensiv und wurden vorwiegend zur Bereitung von Süßspeisen bzw. süßem Backwerk verwandt. Die Benediktinermönche haben später

Korianderfrüchte zur Herstellung ihrer berühmten Liköre benutzt.

Zu den großen Geschmackserlebnissen gehört auch der Kreuzkümmel. Er war das Gewürz par excellence in al-Andalus und wurde unendlich vielen Speisen zugefügt, einschließlich verschiedenen Süß- und Milchspeisen. Das Charakteristikum des Kreuzkümmels ist, daß er sein Aroma erst beim Kochen entwickelt. Darin unterscheidet er sich nicht wesentlich vom nordischen Kümmel, der in Spanien gelegentlich Wiesenkümmel (comino de prado) genannt wird. Auch ihn kannte man sehr wohl in al-Andalus, wo er mit dem arabischen Namen "alcaravea" bedacht wurde, jedoch war er vornehmlich als Medizinalpflanze in Gebrauch.

In einer Küche wie der maurisch-jüdischen, in der Hühnerfleisch eine überragende Rolle spielte, ist es nicht verwunderlich, daß auch Eier wichtige Nahrungsmittel waren und in allen nur denkbaren Zubereitungen Verwendung fanden. Selbst die in Salzlake eingelegten Soleier, die früher in deutschen Kneipen in großen Glasgefäßen herumstanden und zum Bier gegessen wurden, gab es schon in al-Andalus. Man färbte die Eier gerne mit dem Sud von Zwiebelschalen oder dem gelben Kurkuma, der Wurzel einer ostasiatischen Ingwerpflanze. Ein wenig von al-Andalus kann man sich auf ganz einfache Art an den Frühstückstisch holen:

REZEPT: HARTE EIER MIT KREUZKÜMMELSAUCE

Zutaten: 4 hartgekochte Eier, 2 Eßlöffel gemahlener oder im Mörser zerstoßener Kreuzkümmel, Salz, 4 Eßlöffel Olivenöl und der Saft von einer 1/2 Zitrone oder Limone. Man schlage die Ingredienzen zu einer cremigen Sauce und übergieße die harten Eier damit bzw. tauche die hartgekochten Eier vor jedem Bissen darin ein.

Ein weiterer, wichtiger Bestandteil des andalusischen Gewürzgartens war der Safran. Sein spanischer Name "azafrán" stammt vom arabischen "al zaferan" ab, was so viel wie gelb bedeutet. Aber schon lange vor den Arabern haben die Griechen und die Römer, und vor ihnen sogar die Phönizier, den Safran verehrt. Die Lateiner nannten ihn "crocus" oder "crocinus (croceus?)" was in ihrer Sprache ebenfalls "gelb" bedeutete. Die Namensgebung besagt schon, wozu man den Safran am häufigsten benutzte: zum Färben. Tatsächlich galt Safran im griechischen Altertum als das "Königsgelb", und der Sage nach trugen die Götter safrangefärbte, gelbe Gewänder. Im alten Rom setzte man Safran dem Badewasser zu, denn nicht nur die leuchtende Farbe, sondern auch der feine aromatische Duft munterte die Badenden auf. Bei den Mauren spielte Safran seine Rolle vorwiegend in der Küche. Es ist nicht möglich, all die Gerichte zu nennen, die man mit Safran verfeinerte. Geflügel, insbesondere Hühnchen, und Reisgerichte waren für einen andalusischen Gourmet ohne Safran kaum vorstellbar. Das appetitliche Gelb der spanischen "paella" erinnert noch an jene Vorliebe. Auch helle Saucen zum Fisch enthielten fast immer einen gelblichen Safranton. Safran, das ist die Blütennarbe einer mediterranen Krokusart; beinahe 200 Blüten sind für ein Gramm Safran erforderlich und da die feinen Fäden nur mit großem manuellem Geschick von der Blüte entfernt werden können, ohne zu zerbrechen, kann man sich vorstellen, daß dieses Gewürz zu allen Zeiten sehr teuer war. Das Gewicht des Safran war nicht mit Gold aufzuwiegen.

Der absolute Gegensatz zum Safran war Anis; es gab ihn in Hülle und Fülle. Das Klima in al-Andalus war wie geschaffen für dieses Gewürz, und zeitweise stellte sein Export in die nördlichen Länder Europas einen wichtigen wirtschaftlichen Faktor dar. Dort benutzte man Anis vorwiegend in süßem Gebäck, eine Anwendungsart, die auch bei den Mauren viele Freunde hatte. Selbst Brot würzten die Mauren gelegentlich mit den aromatischen, kümmelähnlichen Samen, eine Gewohnheit, die sich bis heute in unseren Breitengraden erhalten hat. Besonders beliebt war in der maurisch-andalusischen Backküche die Kombination von Anis und Zimt. Dem Anis wurden viele medizinische Wirkungen zugeschrieben; es sollte z.B. gut gegen Kopfweh und Verdauungsbeschwerden sein. Eine besondere Eigenschaft, nämlich den Durst nachhaltig zu löschen, nutzte man, indem man Anistinktur - ein alkoholischer Extrakt der Samen - frischem Wasser zugab. Die milchige Flüssigkeit war der Vorläufer einer späteren Gewohnheit, die im gesamten Mittelmeerraum zu finden ist, nämlich Anisschnaps mit Wasser zu verdünnen und als "Longdrink" zu genießen.

Schließlich sei noch Sesam erwähnt, der ebenfalls ein integraler Bestandteil maurisch-andalusischer Küche war. Er ist ein Kraut mit weißen oder rötlichen, fingerhutähnlichen Blüten, deren Samen bei der Herstellung von Brot eine bedeutende Rolle spielte. In al-Andalus wuchs kein Sesam, und man war auf den Import entweder aus den afrikanischen Nachbarländern oder dem Orient angewiesen. Sesamöl war nicht nur in der Küche, z.B. für Salate, beliebt, sondern wurde auch vielfach für medizinische Zwecke benutzt. Die Samen haben einen leicht nussigen Geschmack und wurden entweder getrocknet oder mäßig getoastet verwandt. Unentbehrlich waren sie im süßen Gebäck, welches den Ruhm der andalusischen Konditoren begründete.

Selbstverständlich gab es auch fertige Gewürzmischungen in der Küche von al-Andalus. Das heute noch in Indien unter gleichem Namen existierende "Garam Masala" war wohl die beliebteste von allen. Sein Geschmack erinnerte ein wenig an Curry, und seine Herstellung war einfach: je ein Löffel Kardamon, Stangenzimt, schwarzer Pfeffer, Kreuzkümmel, Nelken und ein kleines Stückchen Muskatnuß wurden zusammen ganz fein in einem Mörser verrieben. Obwohl sich das Aroma in einem gut verschlossenen Glas einige Wochen hielt, wurde Garam Masala meist in kleinen Mengen frisch hergestellt. Seine Hauptanwendung hatte es bei Fleischgerichten, insbesondere beim zarten, jungen Lamm. Aber auch manche Gemüsebeilagen wurden mit Garam Masala geschmacklich verfeinert.

SÜSS-SAUER UND DAS GEHEIMNIS DES MURRI

Süß-saure Speisen waren in al-Andalus ganz besonders beliebt, denn in ihnen verbanden sich zwei Favoriten des maurischen Geschmacks: Honig und Essig (Bolens, 1991). Die konservierenden Eigenschaften beider Speisezutaten kannte man seit Menschengedenken. In Honig eingelegte Nahrungsmittel hielten sich beinahe unbegrenzt, und dasselbe galt für solche, die in einem passenden Behälter mit Essig umspült waren. Was lag da näher, als die beiden Wohltäter der Küche zu vereinen, um damit sowohl die Säure als auch die Süße der jeweiligen Einzelbestandteile zu reduzieren und ein ganz neues Geschmackserlebnis zu schaffen. Die Mauren und Juden in al-Andalus haben das "agridulce" (Süßsaure) gleichermaßen geschätzt, und unendliche Rezeptvariationen wurden von den eifrigen Köchinnen und Köchen des Landes geschaffen, um diesem geschmacklichen Bedürfnis gerecht zu werden. Dabei wurde der Honig bald durch Zucker aus Zuckerrohr ersetzt, und anstatt des Essigs nahm man auch Zitronensaft, Agrest - Most unreifer Weintrauben - oder Säfte von anderen sauren Früchten wie Granatäpfeln, Quitten oder grünen Äpfeln.

Während die meisten Zutaten der Mauren für süß-saure Speisen und Saucen im Mittelmeerraum überlebt haben, ist eine saure Spezialität völlig von der kulinarischen Szene verschwunden: der Alant oder die Inula, wie man die Pflanze auch ihrem lateinischen Namen nachempfunden nannte. Der echte Alant, das Helenenkraut, wächst noch heute als Strauch in Vorderasien, und die Mauren, die ihn "rasin" nannten, versuchten immer wieder mit mäßigem Erfolg, ihn in al-Andalus heimisch zu machen. Es gab verschiedene, meist recht aufwendige Arten, die Säure zu extrahieren. In jedem Fall muß es sich wohl kulinarisch bezahlt gemacht haben, denn die Popularität des Alant war zeitweise so groß, daß sein Preis fast nicht mehr zu bezahlen war. Insbesondere in Marinaden für Fleisch fand "rasin" oder das Helenenkraut Anwendung.

Die Liebe der Mauren und Juden für süßsaure Marinaden ist noch heute in Andalusien anzutreffen. Die berühmte "escabeche", in die man Muscheln, Perlhühner, Schweinefleisch, Fisch und alles, was einem lieb und essenswert ist, einlegt, ist eine späte Huldigung an den maurischen Geschmack. Selbst das Wort "escabeche" ist arabischen Ursprungs, es stammt vom maurischen "iskebey", einem in al-Andalus sehr beliebten, mit viel Essig und anderen Gewürzen gekochten Lammgericht.

Ein weiterer gastronomischer Favorit in al-Andalus war das "garum", eine im Mittelmeerraum seit den Phöniziern, Griechen und Römern bekannte salzige Sauce oder Paste. In K. E. Georges "Kleinem Lateinisch-Deutschem Handwörterbuch" aus dem Jahre 1864 wird "garum" unter dem Hinweis auf Horaz und Seneca als "eine kostbare Sauce (Brühe), die man aus mehreren kleinen marinierten Fischen, bes. aus dem scomber (vermutlich unserer Makrele), bereitete." Plinius der Ältere beschreibt die Zubereitung der begehrten Fischsauce folgendermaßen: In einen etwa dreißig Liter fassenden Tonkrug werden abwechselnd Schichten von aromatischen Kräutern (z.B. Dill, Koriander, Fenchel, Bohnenkraut, Petersilie, Salbei, Weinkraut oder -raute, Minze, Liebstöckel, Thymian, Oregano u.a.), frischem Fisch oder Fischeingeweiden und Salz gelegt. Sobald der Krug voll ist, verschließt man ihn mit einem Deckel und läßt das Ganze eine Woche lang ziehen. Die nächsten drei Wochen rührt man die Mischung ab und zu durch. Die gefilterte Flüssigkeit ist die begehrte Fischsauce namens "garum" oder "liquamen".

Noch heute findet sich die Gewohnheit, mit gesalzenem Fisch zu würzen, u.a. in der italienischen Küche: Eingelegte Sardellen werden zur Zubereitung von Pasta- und Pizza-Saucen benutzt. Sie geben jenen typischen Geschmack und Duft, den man vom "Italiener um die Ecke" so gut kennt. Auch Stockfisch dient in Spanien und Portugal gelegentlich dem gleichen Zweck. In Maßen einem Gericht zugesetzt, ersetzt er nicht nur das Salz, sondern gibt auch einen sehr würzigen Geschmack.

Die Mauren nannten das von den Goten bzw. Römern übernommene "garum" auch "almori" oder einfach "murri". Gelegentlich wurde "garum" auch aus gesalzenen bzw. gepökelten Fischen hergestellt und zu einer Paste zerrieben und gepreßt. Meistens verwendete man dazu in al-Andalus Makrelen und die aalartigen Raubfische namens Muränen, beide mit außerordentlich schmackhaftem Fleisch. Wesentlich teurer und entsprechend geschätzt, war "garum" aus Thunfisch oder Stör. In der Küche der moslemischen Andalusier spielte diese salzige Spezialität aus Fischen eine bedeutende Rolle. Sie wurde auf vielfältigste Art gewürzt und hergestellt. Unter dem alten lateinischen Namen "liquamen" kam eine raffinierte Art der Fischpaste in die Bazare von Córdoba, Sevilla oder Granada. Die Anfertigung dieser Würze war nicht einfach und erinnert sehr an das Rezept von Plinius: Ein Mus vom Fleisch ausgesuchter Fische und den Eingeweiden der Makrele wurde zusammen mit verschiedenen Kräutern bei Wärme vergoren ("verflüssigt") und anschließend über dem Feuer gekocht, bis sich die Flüssigkeit etwas reduziert hatte. Diese kam dann in Flaschen und stellte so etwas wie eine maurische "Worcestersauce" dar. Den Rückstand trocknete man und verkaufte ihn an die ärmeren Gourmets unter dem Namen "allec". An der Qualität des "garum" erkannte man den guten Koch, und so nimmt es nicht Wunder, daß immer wieder versucht wurde, diese beliebte Würzmischung durch weitere Zutaten zu verfeinern. Dabei spielten Essig, Wein, Olivenöl und Paprika eine große Rolle.

Im Laufe der über siebenhundertjährigen maurischen Küchengeschichte veränderte sich die Zubereitungsart des "garum" ständig. Die Phantasie kannte dabei keine Grenzen. In den späten Zeiten der nasridischen Dynastie gab man dem Fisch Weizen- oder Gerstengrieß zu und vergor das Ganze ähnlich wie Bier. Die Anwendung von Stärke ermöglichte schließlich auch das Formen des "garum" zu festen Plätzchen, die wohl als ein Vorläufer der Suppenwürfel angesehen werden können. Schließlich wurde das Wort total verfremdet und für eine Süßspeise gebraucht. "Almori al-Andalus" war eine Art Honigkuchen mit Mandeln, Pinienkernen, Rosinen und anderen Trockenfrüchten.

OLIVEN FÜR DIE SEELE, DEN GAUMEN UND DIE HAUT

Der Omaijaden-Kalif Hischam soll ausgerufen haben: "Welch eine schöne Zutat zum Essen sind doch der Essig und das Olivenöl!" und dann fügte er - ganz im Sinne des Elementenschemas der jüdisch-arabischen Medizin - hinzu: "Ihr braucht das Olivenöl, denn es vertreibt die Bitterkeit der Galle, läßt den Auswurf verschwinden und stärkt die Nerven. Es nimmt die Erschöpfung, verschönt den Charakter, macht die Seele gut und nimmt die Sorge hinweg." Die Araber haben das Olivenöl und seine Kultur in Spanien von den Westgoten übernommen. Der gotische Bischof Isidor von Sevilla hat in seinen Kloster-Regeln festgelegt, daß sich Mönche und Nonnen hauptsächlich von Gemüse und Olivenöl zu ernähren hätten. Ein Hinweis, daß die mediterrane Diät - heute von vielen Gesundheitsaposteln propagiert - bereits vor mehr als einem Jahrtausend germanische Gaumen erfreut haben muß. Aber auch die Westgoten haben - was das Olivenöl betrifft - nur übernommen, was ihre Vorgänger auf der Iberischen Halbinsel, die Römer, bereits zu höchster Perfektion gebracht hatten.

Der Ölbaum wird in den Mittelmeerkulturen seit Urzeiten als ein Symbol der Fruchtbarkeit, der Weisheit und der Gemeinsamkeit gesehen. In der Genesis wird von ihm als dem Baum des Paradieses gesprochen, und auch der Baum des Lebens wird gelegentlich als Olivenbaum dargestellt. Die Araber haben diese Tradition übernommen und dem Ölbaum eine fast mystische Bedeutung gegeben. In der 24. Sure des Korans steht der berühmte Lichtvers (35), der in der islamischen Mystik eine ganz besondere Rolle spielt: "Allah ist das Licht, der Himmel und die Erde. Sein Licht ist gleich einer Nische, in der sich eine Lampe befindet; die Lampe ist in einem Glase, und das Glas gleich einem flimmernden Stern. Es wird angezündet von einem gesegneten Baum, einem Ölbaum, weder vom Osten noch vom Westen, dessen Öl fast leuchtete, auch wenn es kein Feuer berührte - Licht über Licht!" Man darf nicht vergessen, daß Olivenöl Jahrtausende lang auch die wichtigste Energiequelle für Licht war; es diente z.B. auch den klugen Jungfrauen als Lichtquelle, als sie Jesus entgegengingen.

"Al-zeit" heißt die Olive im Arabischen und "aceite" ist noch heute das spanische Wort für Öl. Auch die Ölpresse hat im Spanischen einen arabischen Namen: "almazara" (al-masara). Kann es eine schönere Referenz an die von den Mauren leidenschaftlich betriebene Olivenkultur geben? Wie sehr auf der Iberischen Halbinsel Olivenöl mit maurischer und jüdischer Küche verbunden war, läßt sich aus dem raschen Verwahrlosen der Olivenhaine nach dem Sieg der Katholischen Könige 1492 über die Mauren ablesen. Da sowohl den Mauren als auch den Juden der Genuß von Schweinefett verboten war, war Olivenöl - neben dem wenig geschmackvollen Lammschmalz - das einzige Fett, mit dem gekocht wurde (Bolens, L., 1991). Für die neuen christlichen Herren war es daher einer der Repräsentanten der verhaßten maurisch-jüdischen Kultur. Wer seine Speisen mit Olivenöl zubereitete, machte sich verdächtig, insgeheim immer noch ein Moslem oder ein Jude zu sein. Die fürchterliche Inquisition schaute den Bürgern in die Kochtöpfe und überwachte die Kochgewohnheiten genau. Gott sei Dank besann man sich sehr schnell darauf, daß auch das Neue Testament voll des Lobes über die Olive und den Olivenbaum war, und ihr Öl gehörte schon bald wieder zu den Grundnahrungsmitteln der Küche des neuen Spanien. In Kastilien hat sich allerdings die Vorliebe für das Schweineschmalz bis zum heutigen Tag erhalten.

Die Tatsache, daß der große jüdische Philosoph und Arzt Maimónides aus Córdoba auf das Olivenöl besonders eingeht, hat seine Erklärung in einer Kontroverse jener Zeit: Von einigen Ärzten wurde behauptet, daß Olivenöl für sich alleine genossen, schädlich für die Gesundheit sei. Maimónides rückte diese irrige Ansicht zurecht; er gab allerdings zu, daß der Geschmack des Öls nicht angenehm sei. Aus heutiger Sicht würden wir ihm wahrscheinlich beipflichten, denn die Art und Weise der mittelalterlichen Ölproduktion brachte eher trübes, ranziges und leicht bitteres Fett hervor, was mit unserem heutigen Verständnis von kaltgepreßtem Jungfernöl, beziehungsweise dem raffinierten Olivenöl wenig zu tun hat. Die jüdischen Gelehrten jener Tage schienen mehr an der medizinischen als an der kulinarischen Wirkung des Öls interessiert gewesen zu sein. Mangoldwasser, d.h. die Brühe, in der frischer Mangold gekocht wurde, soll mit Olivenöl gemischt, ein hervorragendes Mittel gegen Halsschmerzen sein - so jedenfalls behaupteten die jüdischen Medizinmänner in al-Andalus. Gelegentlich wurde diesem "anigaron", welches auch bei anderen Entzündungen äußerlich anwendbar war, noch Wein und Pfeffer beigemengt.

Eine der medizinischen, oder besser gesagt, der kosmetischen Anwendungen von Olivenöl war die Einreibung. Ölsalbungen des Körpers waren schon seit Urzeiten ein Bedürfnis der Menschen im Morgenland. Bereits im Alten Testament steht geschrieben, daß man den gefangenen Stammesgenossen Kleider und Schuhe sowie Essen und Trinken zu geben habe und daß man sie salben solle. Dem ungehorsamen Volke wird als Fluch angedroht "Ölbäume wirst Du haben, aber mit Öl Dich nicht salben; der Baum wird seine Frucht unreif abwerfen." Der römische Dichter Plinius der Ältere schrieb einst: "Zwei Flüssigkeiten gibt es, die dem menschlichen Körper angenehm sind, innerlich der Wein, äußerlich das Öl, beide von Bäumen kommend, aber das Öl ist etwas Notwendiges".

Das gebräuchlichste Öl zur Salbung stammte in der Tat von Oliven. Wohlhabende Familien besaßen große Vorräte von diesem köstlichen Fett. In der Zeit der Olivenernte jedoch preßte man häufig die Frucht direkt über dem Körper aus und verrieb die frische, ölige Flüssigkeit. Meistens wurde das Öl warm benutzt; man erwärmte es entweder in einer kleinen Glaskaraffe oder man hielt die ölbenetzten Hände gegen eine Kerze oder ein offenes Feuer. Daß die Berührung der entblößten Haut mit kalten Händen ein unangenehmes Gefühl hervorruft, lernt jeder Medizinstudent, der sich anschickt, Patienten zu untersuchen.

Die Mauren hatten eine besondere Vorliebe für parfümierte Öle. Rosenblätter, Orangenblüten, Myrrhe, Rosmarin und alles was an orientalischen Wohlgerüchen verfügbar war, wurde in ihnen mazeriert. Es gab kommerzielle Ölmischer, die sich ihre geheimen Duftrezepte auf den Märkten von Sevilla, Toledo oder Murcia teuer bezahlen ließen. Dabei spielte neben dem Olivenöl auch Sesamöl als Grundlage eine bedeutende Rolle. Mit wildem Jasmin parfümiert, war es in Granada und Córdoba der Inbegriff des Luxus für die reichen Juden. Im Alten Testament (2. Mose, 30) wird berichtet, daß Gott Moses das Rezept für ein Körperöl gegeben hat: "Und der Herr redete mit Mose und sprach: Nimm dir die beste Spezerei: die edelste Myrrhe, fünfhundert Lot, und Zimt, die Hälfte davon, zweihundertfünfzig, und Kalmus, auch zweihundertfünfzig Lot und Kassia, fünfhundert nach dem Gewicht des Heiligtums und eine Kanne Olivenöl. Und mache daraus ein heiliges Salböl nach der Kunst des Salbenbereiters." Kalmus ist eine im oberen Jordantal vorkommende Sumpfpflanze, deren Wurzeln reichlich ätherische Öle enthalten. Trotz dieser biblischen Tradition gaben die sephardischen Juden im allgemeinen dem natürlichen Olivenöl bei der äußerlichen Anwendung den Vorzug.

Die Frage nach dem Zweck der "Ölung" ist heute nicht mehr eindeutig zu beantworten (Le Guérer, A., 1992). Wie bei vielen uralten Gebräuchen wurde über deren Sinnhaftigkeit so gut wie niemals geschrieben, so daß uns auch nichts überliefert ist, was der Schlüssel zum Verständnis der Salbungen sein könnte. Es ist leicht einzusehen, daß nach einem heißen Bade auf diese Weise der Haut wieder Fett zugeführt werden konnte, und die gleichzeitige Massage galt sicher als gesundheitsfördernd. Eine der schlüssigsten Erklärungen finden wir im Alten Testament: "Öl und Räucherwerk erfreuen das Herz", sagt der Dichter der Sprüche. So wird es wohl immer gewesen sein, ein körperliches Wohlbehagen, ein sensuelles Erlebnis, das diejenigen, die es einmal gekostet hatten, nicht mehr missen wollten. Das Körpergefühl war bei den scphardischen Juden und den Mauren gleichermaßen stark ausgeprägt, und Männer und Frauen empfanden bei der Salbung ihres Körpers ganz offensichtlich große Lust.

Diese Ansicht wird von einer alten jüdischen Schrift noch unterstützt, in der es heißt, daß Baden, Salben und die Kohabitation zwar nicht Dinge seien wie Essen und Trinken, die in den Körper hineingehen, von denen dieser aber trotzdem erheblichen Genuß habe. Was die Eunuchen im Harem erledigten, machten die jungen Sklavinnen in den Häusern und Palästen der reichen Bürger und Aristokraten. Die sexuelle Komponente ist dabei ganz unübersehbar und zeigt einmal mehr, daß man in diesem Kulturkreis ein ganz anderes und ungezwungeneres Verständnis von physischer Lust hatte. Bei den spanischen Christen jener Tage galt diese Lust als dekadent, ja gottlos und wurde immer wieder als pauschales Argument gegen die maurisch-jüdische Kultur angeführt.

Auf die Iberische Halbinsel kam der Olivenbaum vermutlich durch die Phönizier. Aber erst die Römer machten das Olivenöl zum spanischen "Markenartikel". Welche Bedeutung das Olivenöl für die römisch-spanische Wirtschaft hatte, läßt sich an einer Münze ablesen. Unter dem römischen Kaiser Publius Aelius Adrianus wurde ein Geldstück geprägt, auf dessen einer Seite der Herrscher und auf der anderen Seite das Wort "Hispania" mit einem Olivenzweig geprägt war. Spanien war im Römischen Reich der Hauptlieferant für Olivenöl; es wurde in alle Winkel des Imperiums versandt. Dazu benutzten die spanischen Händler versiegelte Tonamphoren, deren detaillierte Beschriftung an heutige Weinetiketten erinnert. Neben dem Eigentümer des Olivenhains wurde der Name des Händlers und der Jahrgang der Ernte verzeichnet. Archäologen haben diese spanischen Amphoren in ganz Europa gefunden und damit die Verbreitung spanischen Olivenöls im Altertum sinnfällig nachgewiesen. Im Jahre 1878 entdeckte man gar, daß der "Monte Testaccio" - ein kleiner Hügel im Mündungsgebiet des römischen Tiber - nur aus den Scherben spanischer Olivenöl-Behälter besteht. Man kalkulierte, daß es an die 40 Millionen gewesen sein müssen, die zwischen 140 und 265 unserer Zeitrechnung dort auf die "Deponie" gelangten. Soweit wir wissen, waren diese Amphoren übrigens die ersten Einweggefäße; sie wurden niemals zurückgesandt, um wieder aufgefüllt zu werden.

Der griechische Geograph Strabon, der um Christi Geburt lebte, erwähnt in seiner Schrift "Geographie", daß die spanische Provinz Baetica (Andalusien) nicht nur große Mengen Olivenöl ausführe, sondern auch das beste Öl überhaupt herstelle. Das Öl aus dem baetischen Córdoba übertraf wahrscheinlich sogar die Qualität des Öls aus den berühmten Olivengärten von Venafrum und Istrien.

Uncto Corduba laetior Venafro
Histra nec minus absoluta testa

(Córdoba, fetter noch als das öltriefende Venafrum und nicht weniger vollkommen als der istrische Ölkrug) so der lateinische Originaltext von Strabon (zit. nach Hehn, V., 1992).

Die spanische Küche war, bis auf die erwähnte kurze Zeit des Schweineschmalzes, seit Urzeiten vom Olivenöl abhängig, und noch heute kommt das beste Öl ohne Zweifel von der Iberischen Halbinsel. Dies geben selbst andere Ölproduzenten aus dem Mittelmeerraum mehr oder weniger unumwunden zu. Als der Frost einmal Großteile der Olivenernte in der Toskana vernichtete, holte man sich den Rohstoff ohne viel Federlesens aus Spanien und füllte ihn in die gewohnt teuren Karaffen.

Die spanischen Eroberer brachten schließlich den Olivenbaum auch nach "Nueva España", die amerikanischen Kolonien. Er ist sehr schnell in Kalifornien, Mexiko, Argentinien und Chile heimisch geworden. Die Qualität des Heimatlandes hat er dort allerdings bislang nicht erreicht. Keine Frucht ist so an das mediterrane Klima gebunden wie der Ölbaum.

Ein uraltes Gewerbe auf der Iberischen Halbinsel waren die sogenannten "aceituneros", die Oliveneinleger.

Es war bereits lange vor den Arabern bekannt, daß sich Oliven in Salzlauge sehr gut konservieren ließen und damit gleichzeitig die Bitterstoffe entzogen wurden. Zwar gab es noch keine "Cocktail-Oliven", aber eingelegte Oliven wurden, wie aus entsprechenden Rezepten zu ersehen ist, in der maurischen Küche reichlich zum Würzen und Verfeinern von Speisen benutzt. Das Würzen der Lauge mit Koriander, wildem Majoran (Oregano) und Zitronen- bzw. Limonenstückchen war auch schon bekannt. Die "aceituneros" verdienten ihren Lebensunterhalt jedoch nicht nur mit dem Einlegen, sondern handelten auch zur Erntezeit im Januar und Februar mit frischen Oliven.

Zwar mag es schwierig sein, in nördlichen Breitengraden frische Oliven zu ergattern, aber wer die Möglichkeit hat, sich im Süden Europas ein paar Kilo zu besorgen, der sollte nicht versäumen, sie selbst einzulegen. Frisch eingelegte Oliven gehören zu den schönsten Beilagen maurisch-jüdischer Küche. Dabei ist es ganz wichtig, daß man nur die allerbesten Früchte verarbeitet, wobei es eine Frage des Geschmacks ist, ob man dazu grüne, rötlich-braune, schwarze oder eine Mischung aus allen nimmt.

REZEPT: EINGELEGTE OLIVEN

Zutaten: 4 Kilogramm frisch geerntete Oliven, 5 frische in Würfel geschnittene Zitronen, 1,5 Kilo Meersalz

Man schneide jede einzelne Olive zwei- oder dreimal mit einem scharfen Messer an, die Kerne belasse man in der Frucht. Danach gebe man die Oliven Lage für Lage in ein Holzfäßchen oder einen hohen Tontopf, mische kleingeschnittene Zitronenstückchen mit Schale darunter und bestreue alles mit reichlich Salz. Auf die Oberfläche lege man ein Gewicht, damit die Früchte nicht auf der sich bildenden Lake schwimmen können, sondern eingetaucht bleiben. Wenn nach einer Woche alles Salz verschwunden ist, fülle man davon nochmals nach. Die Oliven belasse man etwa drei bis vier Wochen in der Lake, dann sollten sie ihre Bitterkeit verloren haben. Vor dem Servieren mariniere man die eingelegten Oliven einige Stunden lang in frischem Zitronensaft. Dieses Basisrezept kann durch Zugabe weiterer Gewürze und Kräuter (z.B. Knoblauch, Zwiebeln, frischer Thymian oder Oregano etc.) noch verfeinert werden.

DIE GÖTTLICHE SÜSSE VON DATTELN
UND FEIGEN

Die Palme galt im mediterranen Kulturkreis seit Urzeiten als ein ganz besonderer Baum; ihr aufrechter Wuchs, das ewige Grün ihres Laubwerkes und ihre große Widerstandsfähigkeit machten sie zum Symbol des Sieges und des Triumphes. Im hohen Alter trägt sie, insbesondere in den heißen Zonen Nordafrikas und des vorderen Orients, Früchte von ungemeiner Süße, was die Araber dazu bewog, in ihr einen heiligen Baum zu sehen. Die Palme war der Baum des Lebens und sein Produkt, die Dattel, ein - vorwiegend männliches - Fruchtbarkeitssymbol. Häufig wurde sie als Gegenstück zur Weintraube, die das weibliche Prinzip darstellte, angesehen. Die Dattelpalme ist eine äußerst vielseitig verwendbare Pflanze. Neben den vielen Arten, die Früchte zu nutzen, werden auch heute noch aus den Blättern Besen und Bürsten hergestellt, und der Stamm ist ein sehr begehrtes Bauholz.

Die Begeisterung für Datteln teilt auch noch Ibn Dschubair der Mekka-Pilger aus al-Andalus. "Eine der erwähnenswerten Früchte, die wir fanden und genossen und deren uns bisher unbekannte Vorzüge wir zu preisen begannen, sind die frischen Datteln, die hier die Stelle unserer grünen Feigen einnehmen. Sie werden vom Baum gepflückt und gegessen und sind so gut und delikat, daß man ihrer nicht überdrüssig wird. Die Zeit der Reife ist eine große Angelegenheit für die Menschen hier, die zur Ernte gehen, als zögen sie auf ein Dorf, oder wie die Menschen im Maghreb, die ihre Dörfer zur Zeit der Feigen- und Traubenernte verlassen. Wenn dies vorüber und die Reifezeit zu Ende ist, werden die Datteln auf dem Boden für gewisse Zeit ausgebreitet, damit sie ein wenig trocknen. Dann werden sie in Körben und Krügen aufeinander gestapelt und ins Lager gebracht."

Hier erfahren wir nicht nur Wissenswertes über die Datteln und ihre Aufbereitung für den Verkauf, sondern auch etwas über ihre Rolle in al-Andalus. Ibn Dschubair suggeriert uns, daß sie dort weitgehend unbekannt gewesen sein sollen. Dies ist sicher nicht richtig, denn man hat in al-Andalus im Palmenhain von Elche auch Datteln geerntet. Diese Anlage ist der einzige größere Palmenwald in Europa. Sie wurde bereits von den Karthagern vor unserer Zeitrechnung angelegt und später von den Mauren gepflegt und weiter ausgebaut. Einer zuverlässigen Quelle zufolge sollen die Datteln von Elche sogar von exzellenter Qualität und am Kalifenhofe von Córdoba außerordentlich beliebt gewesen sein. Noch heute kann man sich in Elche am Rande des Palmenhains in kleinen Buden einheimische Datteln kaufen. Ansonsten hat man in ganz al-Andalus Datteln vorwiegend aus Nordafrika importiert, wobei diejenigen aus Tunesien wegen ihrer Größe und Süße ganz besonders beliebt waren. Die größte Delikatesse allerdings waren die frischen persischen Datteln, die unter dem Namen "heirum" in den Handel kamen.

Eine alte arabische Tradition und ein beliebtes Getränk war der durch Vergärung von wässrigen Dattelaufgüssen entstandene Dattelwein. Dies bestätigt Anas Ibn Malik, der Diener des Propheten: "Zumeist wurde Wein bei uns aus reifen oder unreifen Datteln hergestellt". Eine besondere Art, einen sehr geschmackvollen Dattelwein herzustellen, lag in der Vergärung des Saftes der jungen Dattelsprossen; dieses Getränk nannten die Mauren "dushab" und zahlten viel Geld dafür, denn es war eine ausgesprochene Rarität in ihrem Lande. Es gab in al-Andalus außerdem ein sehr populäres süßes Getränk aus Wasser, Datteln und verschiedenen Gewürzen namens "caryotum". Es wurde jeweils frisch hergestellt und enthielt keinen Alkohol. In diesem Zusammenhang ist auch der Dattelsirup erwähnenswert, den man durch langsames Verkochen von Datteln in Wasser gewann. Durch Verdünnen mit kühlem Quellwasser und dem Zusatz von ein paar Spritzern Rosenwasser entstand ein erfrischendes Getränk, das die Freude der Mauren an der Süße voll befriedigte. Heutzutage würden wir wohl noch ein wenig Limonen- oder Zitronensaft hinzufügen, um ihm die für unseren Geschmack nötige Säure zu geben. Interessanterweise hatten die Mauren, ganz im Gegensatz zu ihren jüdischen Mitbürgern, ursprünglich keinen großen Gefallen an sauren Getränken. Wo immer in Rezepten Zitronen oder Essig als Zutaten erscheinen, erkennt man den starken jüdischen Einfluß.

In der maurischen Küche spielten die Datteln eine große Rolle. Sie wurden nicht nur für allerlei Süßigkeiten, sondern häufig auch in Zusammenhang mit Fleisch verwendet. Außerordentlich beliebt waren die Lamm- und

Hühnchenschmortöpfe, die es unter dem Namen "tadschin" oder "tajine" noch heute in Marokko gibt. Zu ihren Zutaten zählten, außer Fleisch, Ingwer, Pfeffer, frischem Koriander, Safran und Zimt auch Datteln. Die Menge der zugegebenen, entsteinten Früchte sollte etwa ein Viertel des Fleischgewichtes betragen. Dazu aß man "kuskus" oder Brot. Unter den Nachspeisen haben die "gefüllten Datteln" die Jahrhunderte überlebt. Ihre Füllung bestand - wie noch heute - zumeist aus einer Art Marzipan, dem Orangenblütenwasser zugesetzt war.

Auch das Dattelbrot mit Pinienkernen, Pistazien und Walnüssen war bei den Mauren eine begehrte Delikatesse. Die einfachste Art, frische Datteln lecker zuzubereiten, bestand darin, sie kurz in heißem Olivenöl anzubraten und mit geriebenen Mandeln oder Pistazien zu bestreuen. Sie durften nur so lange im Öl schmoren, bis sie einen feinen Karamelton angenommen hatten.

REZEPT: GEFÜLLTE DATTELN

Zutaten: 20 große frische Datteln, 60 g blanchierte Mandeln, 4 Teelöffel Orangenblütenwasser und eine Prise Salz.

Man schneide die Datteln der Länge nach ein und löse den Kern vorsichtig heraus. Die Mandeln hacke man klein und röste sie in einer Pfanne über ganz schwacher Flamme und ohne Fett leicht an, nach dem Abkühlen zerstampfe man sie in einem Mörser zu einer Paste, der das Orangenblütenwasser und das Salz hinzugefügt wird. Die Datteln fülle man nun mit dieser Mandelpaste.

Buddha hat unter einem Feigenbaum seine Erleuchtung gehabt. Seither gilt dieser Baum bei den Indern als heiliger Baum. Auch nach altjüdischer Überlieferung spielt er eine wichtige Rolle: Noah nahm Feigenkuchen mit in die Arche, vermutlich weil er für Mensch und Tier ein gleichermaßen kräftiges und wohlschmeckendes Nahrungsmittel war. Feigen hatten auch ein Reihe von medizinischen Anwendungen. Ihre abführenden Eigenschaften waren in allen Mittelmeerländern bekannt. Die talmudische Medizin berichtet von der heilenden Wirkung zerriebener Feigen bei Pocken, und die Mauren glaubten, daß man vom Genuß der Feigen weise wird.

Auch bei den Muslimen hatte der Feigenbaum eine symbolische Bedeutung: Er galt als Baum des Himmels. Rings um das Mittelmeer sahen die Menschen schon immer in ihm ein Mysterium. Dies ist erklärlich, denn kaum eine andere Frucht hat eine derart komplizierte Biologie, die im übrigen erst im 19. Jahrhundert richtig aufgeklärt werden konnte. Die weiblichen Blüten müssen durch Übertragen von Pollen befruchtet werden. In den sogenannten Wildfeigen, die selbst gar nicht genießbar sind, befinden sich männliche und weibliche Blüten, in denen winzige Gallwespen leben, die die Befruchtung der eßbaren Feigen vollbringen. Schon vor Urzeiten hatte man gelernt, einen Ast mit Wildfeigen in die blühenden Feigenbäume zu hängen; man wußte zwar, daß dies den Ertrag förderte, aber nicht warum. Feigen kann man, je nach den klimatischen Verhältnissen, zwei bis drei Mal ernten. Die besten Feigen sind immer die aus der mittleren Ernte, die meist im September stattfindet.

Auch in der Mythologie ist der Feigenbaum zweigeschlechtig. Das Blatt stellt das männliche Prinzip sowie Sinnenlust und Geschlechtstrieb dar. Es verdeckte in der christlichen Darstellung nackter Körper die lustvollen Organe. Die süße Frucht, aus der zur Zeit der Reife der Saft quillt, war das weibliche Prinzip. Folgerichtig galt sie als Fruchtbarkeitssymbol und verkörperte die Mutter. Auch als bildhafte Darstellung des Lebens, des Friedens und des Gedeihens war sie nicht nur den Muslimen bekannt, sondern allen Völkern rings um das ganze Mittelmeer. Bei den andalusischen Juden verkörperte die Verbindung von Wein und Feigen den Glauben des Volkes Israel. Noch heute findet man in allen Regionen Andalusiens vielfach Feigenbäume in den Rebgärten. Die Bauern sprechen davon, daß die Nähe des Feigenbaumes dem Wein Süße und Haltbarkeit verleiht. Schon das Alte Testament erwähnt ihn mehrfach im Zusammenhang mit dem Weinstock. Unter seinem Feigenbaum und Rebstock zu wohnen und dessen Früchte zu essen, hieß so viel wie ein ruhiges und friedliches Dasein zu genießen. Wein und Feigen zählten bei den andalusischen Juden zu den vornehmsten Gütern des Lebens.

Was dem arabischen Bruder in der Wüste eine Handvoll Datteln bedeutete, waren für den Müßiggänger in al-Andalus ein paar frische oder trockene Feigen.

Es neigt der Feigenbaum die schweren Zweige
- Fast hätte sie der Früchte Last gebrochen -
Doch endlich wird die überreife Feige
Vom Glanz der Morgenröte aufgestochen.

Dann tropft der Honig aus der reifen Wunde
In dünnen Fäden, sonnengoldumsäumt,
So wie der süße Speichel aus dem Munde
Der Vielgeliebten träufelt, wenn sie träumt.

(Ibn Chafadscha nach Jahn, 1955)

Schon immer gab es auf spanischem Boden schwarze und grüne Früchte. Wegen ihres fein-säuerlichen Geschmacks wurden die ersteren vorwiegend frisch verzehrt, während die letzteren eher zum Trocknen dienten. Die Feige war in al-Andalus der Nachtisch par excellence. Die wohlhabenden granadinischen Mauren ließen sich Schnee und Eis aus der nahegelegenen Sierra Nevada bringen und nahmen die süßen, schwarzen Delikatessen dann eisgekühlt in der Septemberhitze zu sich. Es gab zwar die verschiedensten Rezepte für Kompotte, jedoch nutzte man die Feige meistens in ihrer getrockneten Form. Ein klassisches maurisches Rezept war Feigenmus mit Nüssen. Es enthielt zusätzlich Pinienkerne, Walnüsse oder Mandeln, Zitrone, Anis, Sesam, Olivenöl, Zucker, Wasser und feingemahlenen Mastix. Ein sephardisches Mus, sehr beliebt insbesondere bei den toledanischen Juden, enthielt getrocknete Feigen, Rosinen, Zitronensaft, gemahlene Mandeln, Zucker und viel saure Äpfel. Auch das Feigenbrot (pan de hígos), das heute insbesondere in Ostandalusien weit verbreitet ist, leitet sich im Grunde von dem alten maurischen Feigenmus ab; es werden lediglich verschiedene Getreidearten dazugegeben und das Ganze in der Form eines kleinen Laibes im Holzofen gebacken.

Feigen waren auch ein wichtiger Exportartikel und Málaga der Hafen, von dem aus sie in die Länder rund ums Mittelmeer verschifft wurde. "Ich habe mir sagen lassen, daß diese Frucht in Bagdad als seltener Leckerbissen auf den Markt gelangt. Muslime wie Christen verfrachten auf dem Seewege unbeschreibliche Mengen davon" schreibt Ibn al-Hatib (zit. nach Hoenerbach, W., 1970).

Eigentlich haben sie mit ihren Namensvettern kaum etwas gemeinsam, und dennoch tragen sie ihren Namen: die Kaktusfeigen. Sie sind die Früchte der Opuntien, jener riesigen Kakteen, die mit ihren scheibenförmigen Blättern bizarre Formen bilden können und rings um das Mittelmeer anzutreffen sind. Sie waren den Mauren so unbekannt wie Tomaten und Kartoffeln, denn erst die Entdecker Amerikas brachten sie aus "Nueva España" über den Atlantik.

MILCH FÜR DEN DURST UND DIE SCHÖNHEIT

Die Milch wird im Koran in der 16. Sure in einem Atemzug mit dem Dattel- und Rebwein genannt (68): "Und siehe, am Vieh habt ihr wahrlich eine Lehre. Wir tränken Euch mit dem, was in ihren Leibern ist in der Mitte zwischen Mist (verdaute Nahrung) und Blut, mit lauterer Milch, die den Trinkenden so leicht durch die Kehle gleitet." Der bereits erwähnte Abu Huraira berichtet einen Ausspruch des Propheten, nach dem dieser ausgerufen haben soll: "Welch herrliche Spende ist doch eine Kamelin und ein Schaf, die reichlich Milch geben - am Morgen eine Schale und am Abend eine zweite!" (al-Buhari, 1991).

Den Vorzug, den die Milch bei den Muslimen genoß, können wir an einem weiteren Ausspruch des Propheten ablesen. Nach Anas Ibn Malik soll er gesagt haben: "Ich wurde zum Lotosbaum im siebten Himmel geführt. Vier Flüsse sah ich dort - zwei diesseitige und zwei jenseitige. Die beiden ersteren waren der Nil und der Euphrat, und die beiden anderen waren Flüsse des Paradieses. Drei Trinkschalen wurden mir gereicht. Die eine enthielt Milch, die andere Honig und die dritte Wein. Ich griff nach der Milch und trank. Da wurde zu mir gesagt: "Du und deine Gemeinde haben den rechten Weg eingeschlagen! "(al-Bahari, 1991).

Es gibt noch eine Reihe weiterer Aussagen Mohammeds, die belegen, welche Bedeutung die Milch für die

Muslime hatte. Im Sommer trank man sie auch mit frischem Wasser verdünnt. Die historischen Quellen bezeugen, daß man in al-Andalus die Ziegenmilch allen anderen Sorten vorzog. Man war überzeugt, daß sie gesünder als Kuh- oder Schafsmilch sei, da sie weniger fetthaltig als diese war. Ibn Dschubair, der Granadiner, der sich auf eine Pilgerfahrt nach Mekka begab und darüber schrieb, berichtet - wie wir bereits gehört haben - von der Süße der Milch, die er am Ziel seiner Reise zu trinken bekam und die sich kaum von Honig unterschied. Die Liebe für die Süße der Milch geht auch aus einer anderen Passage der gleichen Schrift hervor. Ibn Dschubair beschreibt die Qualität eines bestimmten Brunnens und bedient sich dabei des Vergleichs mit der Milch: "Ein besonderes Kennzeichen dieses Wassers ist, daß du den Geschmack, wenn es vom Grunde des Brunnens heraufgeholt wird, so wie den der Milch frisch aus dem Euter empfinden wirst". (Ibn Dschubair, 1985)

In al-Andalus war es allgemeine Lehrmeinung, daß Milch die weibliche Schönheit fördere. Vermutlich gab es in adeligen Kreisen schon sehr früh die äußerliche Anwendung, d.h. Milch wurde als Schönheitsmittel auf die Haut aufgetragen. Ob die Andalusierinnen allerdings soweit wie ihre ägyptischen Vorfahren gingen und in Milch badeten, ist nicht überliefert.

Für den Genuß wurde die Milch meist durch Zugabe von gerinnungsfördernden Pflanzen bzw. Extrakten verfestigt; dadurch wurde sie auch konserviert, was in warmen Ländern eine wesentliche Voraussetzung für die

Verbreitung von Milch beziehungsweise Milchprodukten war. Koagulierende Mittel gab es viele. Die bekanntesten stammten aus der Kaper bzw. einer Pflanze die noch heute "cuajaleche" (galium verum) genannt wird. Aber auch der Zusatz von einfachem Essig oder Zitronensaft ließ die Milch rasch gerinnen. In Spanien gibt es vielerorts noch heute die "leche cuajada" als Nachspeise. Sie ist ein Überbleibsel aus den maurischen Zeiten und wird, ihrer Herkunft entsprechend, typischerweise mit Honig scrviert. Lab aus Kälbermagen, das heute übliche Gerinnungsferment bei der Käseherstellung, war damals wohl noch unbekannt.

Eine maurisch-andalusische Spezialität war die "saure Molke". Sie wurde u.a. mit Zitrone und Zimt gewürzt und kalt als Erfrischungsgetränk aufgetischt oder gelegentlich auch zu Zuckergebäck verarbeitet. Die nach der Abtrennung der Molke verbliebene Butter benutzten die Mauren, ähnlich wie wir heute, zum Backen und Kochen. Auch saure Milch und eine Art Yoghurt waren begehrt, denn sie hielten sich in der eisschranklosen Gesellschaft wesentlich länger als frische Milch. Viele Länder und Orte behaupten von sich die Erfinder des Yoghurt zu sein. Am wahrscheinlichsten ist aber die Geschichte des Beduinen, der eines Tages in seinen Lederbeutel statt des üblichen Wassers Milch goß. Als er sich nach einer Tagesreise durch die Hitze an der Milch erfrischen wollte, war seine Verwunderung groß, denn die Flüssigkeit war geronnen und von sehr angenehm säuerlichem Geschmack. Nachdem er am nächsten Tag auch erfahren hatte, daß ihm diese Milch gut bekommen war, teilte er seine Entdeckung den Stammesgenossen mit. Schon bald breitete sich das Wissen von der neuen Art, Milch zu konservieren und gleichzeitig noch genießbarer zu machen, über das ganze Araberreich bis nach al-Andalus aus. Sauerrahm und Quark waren ebenfalls sehr beliebte maurisch-jüdische Speisen. Diese Milchzubereitungen von damals hatten nur entfernt etwas mit dem gemeinsam, was wir heute, industriell hergestellt, konsumieren. Ältere Quarkfreunde werden sich noch an Großmutters alten mürb-krümeligen Topfen aus Rohmilch erinnern; etwa diese Konsistenz hatte der Quark in al-Andalus.

Der kulinarische Zusammenhang von Milch und Honig, der sich bis in die heutigen Tage in fast allen europäischen Küchen nachweisen läßt, geht vermutlich auf die Juden zurück. Unter den vielen Vorzügen des biblischen Kanaans wird immer wieder erwähnt, daß es das Land sei, in dem Milch und Honig fließe. Der große griechisch-römische Arzt Galenus - Leibarzt Marc Aurels - hat dann daraus die Theorie entwickelt, daß man Milch und Honig zusammen zu sich nehmen sollte, um das Gerinnen der Milch im Magen zu verhindern, "denn dies belästigt den Mensch und kann zum Erstickungstode führen". Besondere kulinarische Verehrung genoß die Ziegenmilch, von der - wie gesagt - behauptet wurde, daß sie besonders gut verträglich sei.

Die Talmudisten Andalusiens rechneten merkwürdigerweise die Milch zu den sexuellen Reizmitteln. Daher war ihr Genuß dem Hohenpriester vor dem Versöhnungstage verboten. Andererseits wußten die granadinischen Juden, daß junge Mädchen, die in jungen Jahren Milch trinken, eine besonders zarte Haut bekommen. Selbstverständlich kam für alle Anwendungen nur die Milch von zahmen Wiederkäuern, den "reinen" Tieren, in Frage. Kamel-, Esels- oder Stutenmilch durften nicht verzehrt werden. Der große jüdische Philosoph und Arzt Maimónides aus Córdoba beschrieb die Milch als ein "berauschendes" Getränk. Damit meinte er wohl die vergorene Milch, die als "Kumys" oder "Kefir" in al-Andalus sowohl bei den Juden als auch bei den Mauren sehr beliebt war. Durch bestimmte Bakterien wurde der Milchzucker in Alkohol vergoren, allerdings mußte man viel davon trinken, wenn man sich berauschen wollte. Der Alkoholgehalt war nämlich sehr niedrig.

Das beliebteste Milchprodukt in al-Andalus war der "requesón", eine Art Frischkäse, der durch Auspressen geronnener Milch entstand. Man aß ihn entweder süß, mit Honig, Anis und Rosenwasser gewürzt, oder salzig mit eingelegten Oliven bzw. Kapern. Dazu gab es unendlich viele Arten, den "requesón" zu backen oder als Auflauf zu servieren. Viele Rezepte dieser Art sind noch heute in der spanischen Küche anzutreffen. Gereifte Käse, wie wir sie heute kennen, gab es in al-Andalus nicht, jedenfalls gibt es keine Quellen, die darauf hinweisen.

BEKANNTES UND UNBEKANNTES GEMÜSE

Die Aubergine steht aus gutem Grund am Anfang dieses Kapitels. Ihr Name ist ein klassisches Beispiel für eine arabische Wortschöpfung, die in vielen europäischen Sprachen Fuß gefaßt hat. Die "badinjana", wie ihr arabischer Name lautet, war auf der Iberischen Halbinsel so verbreitet und beliebt, daß ihr Name beinahe unverändert in die spanische Sprache übernommen wurde. Selbst in die Umgangssprache hat der arabische Name für die Aubergine Einzug gehalten: eine überfüllte und geräuschvolle Essensveranstaltung wird gelegentlich "berenjenal" genannt, was so viel wie "Auberginenfeld" bedeutet. Ist die Bildhaftigkeit dieses Begriffes nicht bezaubernd? Von Spanien aus hat die Gemüsefrucht als "melanzane", "aubergine", "egg plant" bzw. "Eierapfel" im übrigen Europa Fuß gefaßt.

Die Bedeutung der Aubergine in der maurischen Küche kann kaum überschätzt werden (Benavides Barajas, L., 1992). Man hat in der Kulturgeschichte der Küche die Jahrhunderte der Blüte von al-Andalus gelegentlich "das Zeitalter der Aubergine" genannt. Nach Spanien kam sie erst mit dem Einmarsch der Berber und Araber. Soweit man weiß, war sie in westgotischer oder römischer Zeit unbekannt. Überhaupt haben uns weder die alten Griechen noch die Römer irgend etwas über dieses Gemüse hinterlassen. Daraus kann man schließen, daß sich die Araber die Aubergine wohl direkt aus China oder Indien geholt haben, und daß sie schließlich über

Nordafrika auf den europäischen Kontinent gekommen sein muß. Aus dem Maghreb stammt auch eines der beliebtesten maurischen Rezepte, die "isfirija de berenjenas", mit ihrem eigenen, gewürzten und gekochten Inhalt gefüllte Auberginen. Welche Kräuter dabei zur Anwendung kamen, wirft ein deutliches Licht auf die Geschmacksvielfalt und -intensität der maurischen Gerichte: neben dem unvermeidlichen *garum* waren Essig, Öl, Safran, Zimt, Knoblauch, Thymian, Zwiebeln und rote Paprika die wichtigsten Zutaten. Noch heute lebt in der Türkei ein ganz ähnliches Auberginen-Gericht mit dem poetischen Namen „Imam bayildi" - wörtlich 'Der Imam fiel in Ohnmacht' - fort.

Ein anderes vielgeliebtes andalusisches Auberginengericht waren die "Mirkas". Dabei handelte es sich um kleine Würstchen aus Naturdarm, gefüllt mit einer würzigen Auberginenpaste, die mit geschlagenen Eiern vermischt war. Schließlich seien noch die "tortitas de berenjenas" erwähnt, kleine flache Pfannenkuchen, die eine ganz typisch maurische Beilage waren. Sie wurden aus Auberginenfleisch, häufig mit altem, angefeuchtetem Brot ohne Rinde gestreckt und mit Kräutern wie Pfeffer, Zimt und Koriander abgeschmeckt und dann in Öl ausgebraten. Die vielen Rezepte aus al-Andalus, die wohlschmeckende Auberginengerichte beschreiben, würden ein ganzes Buch füllen. Auch die Juden fanden an diesem Gemüse Gefallen und entwickelten ihre eigenen Rezepte wie den "Auberginenkaviar", auf den schon eingegangen wurde. Entsprechend der jüdischen Vorliebe für sauer Eingelegtes schufen sie die Essig-Auberginen.

Ganz junge, etwa kastaniengroße Früchte wurden in einer gewürzten Essiglauge mariniert. Man aß sie als Beilage zu Fleisch oder auch nur so als Appetitanreger. Noch heute gibt es in dem kleinen Städtchen Almagro, südlich von Madrid, eine Spezialität, die "berenjenas de Almagro", die dieser jüdischen Küchentradition recht nahe kommt.

Gleich nach den Auberginen kamen auf der kulinarischen Favoritenliste von al-Andalus die "Himmas". So nannten die Mauren das vielleicht älteste Gemüse der Welt. Niemand weiß, woher es kommt. Es gedeiht in fast allen Ländern mit wärmerem Klima. Die berühmt-berüchtigten Kichererbsen spielten in allen Küchen rund um das Mittelmeer eine wichtige Rolle, und so nimmt es nicht Wunder, daß auch die Mauren große Verehrer dieser Hülsenfrucht wurden (Eléxpuru, I., 1994). Da man den Dingen, die man gerne ißt, auch einen gesundheitlichen Wert beimessen möchte, ist verständlich, daß Kichererbsen in al-Andalus mit allerlei medizinischen Vorteilen bedacht wurden. Sie sollten urintreibend, gegen Gallensteine und spermienbildend - also ein Aphrodisiakum - sein. Als mit Honig vermischte Paste waren sie gut gegen Pickel und sonstigen Hautausschlag. In der Küche wurden Kichererbsen vorwiegend bei Eintopfgerichten verwendet. Etwas ironisch nannten sie die Mauren "das Fleisch der Armen". Als "garbanzos" leben sie heute in der spanischen Küche fort und sind so beliebt wie eh und je.

Eine maurisch-andalusische Spezialität war ein Hefeteig aus gekochten Kichererbsen, der mit verschiedenen Gewürzen versehen, als kleine, in Öl gebackene
Pfannkuchen mit einer scharfen Sauce serviert wurde.
Diese Beschreibung erinnert unweigerlich an die "tor-
tillas" aus Mexiko; zwar sind diese aus Maismehl, aber
ihre Zubereitungsart ähnelt doch sehr dem erwähnten
maurischen Gericht. Es gibt übrigens vieles in der me-
xikanischen Küche, was an maurische Einflüsse denken
läßt, und so liegt es nahe anzunehmen, daß mit den
Konquistadoren auch ihre kulinarischen Bräuche in die
Neue Welt kamen und sich dort etablierten. Was die Inquisition in Spanien beinahe geschafft hat, nämlich die
fast völlige Eliminierung maurischer Einflüsse in der
Küche, glückte ihr später in "Nueva España" und den
Kolonien nicht. Da es dort keine Morisken und Juden
gab, konnten die importierten maurischen Essensgepflo-
genheiten auch keinen Argwohn wecken. So hat sich
vermutlich auch der Kreuzkümmel über spanische Sol-
daten oder Köche in Mexiko etabliert.

Linsen hatten zu maurischer Zeit eine kulinarische
Blüte. Es waren allerdings mehr die Juden als die Muselmanen, die diesem Gemüse huldigten und so ist es
nicht verwunderlich, daß die schönsten Linsengerichte
jüdischen Ursprungs sind. Die klassischen Gewürze für
Linsen waren neben Zwiebeln vornehmlich Kreuzkümmel und Tamarinde, auf jeden Fall aber mußten sie mit
Zitronensaft auf dem Teller angesäuert werden. In vielen
Gegenden Europas hat sich diese Gewohnheit eingebür-
gert, wobei man im Norden meist Essig zum Ansäuern

benutzt. Auch andere Hülsenfrüchte spielten in der Küche von al-Andalus eine bedeutende Rolle. Da waren zum Beispiel die Saubohnen ("habas"), die noch heute - mit rohem Schinken gebraten - eine granadinische Spezialität sind. Zu maurischen Zeiten servierte man sie als Beilage meist in Form eines Pürees, denn so waren sie besser verdaulich. Eine jener berühmten maurisch-andalusischen Suppen war eine Suppe von jungen Saubohnen und Hähnchenleber. Ursprünglich war es ein sephardisches Gericht, eroberte sich aber rasch auch die Gaumen der Muselmanen. Die Zutaten waren, neben den jungen, frischen Saubohnen und Hähnchenlebern, vor allem Sellerie, geriebenes Brot, Butter, Hühnerbrühe, Minze, Kreuzkümmel, frischer und getrockneter Koriander, schwarzer Pfeffer und Salz. Nach der Eroberung der Azteken- und Inka-Reiche im 16. Jahrhundert brachten die spanischen Konquistadoren schließlich die unendlichen Bohnenvariationen Süd- und Mittelamerikas nach Europa. Die meisten Bohnenarten von heute stammen von diesen Gewächsen ab. Die Vielfalt der Hülsenfrüchte von heute gab es in al-Andalus noch nicht, aber immerhin kannte man, wie entsprechende Quellen belegen, auch grüne Bohnen, die wohl vornehmlich als Gemüse gegessen wurden.

Schau her, mein Freund, da trägt man Igel auf den Markt!
Wie lecker! Artischocken heißt das Kraut.
Mit solchen Spießen wird das Ackerland geharkt!
Das sticht sogar durch Elefantenhaut!

Wem solch Gemüse schmeckt, der muß ein Esel sein,
Weil nur die Esel gerne Disteln fressen.
Komm mit, mein Freund. Beim frischen Wein
Wollen wir das ekle Kraut vergessen.

Nicht alle Gourmets in al-Andalus teilten die Meinung des Dichters Abu Amir Ibn Schuhaid (zit. nach Jahn, 1955) dem "kartschiuf", wie die Araber die Artischocken nannten, offenbar zuwider waren. Es ist denkbar, daß die Ablehnung dieses "Krautes" auf Kindheitserinnerungen des Poeten beruhte. Ähnlich wie im 20. Jahrhundert dem Spinat magische Kräfte für die Gesundheit zugeschrieben wurden, galt dies in maurischer Zeit für die Artischocken. Sie halfen bei Zuckerkrankheit, beugten Leberschäden vor und hatten noch manch andere medizinische Wirkung. Da der etwas bittere und sehr eigenartige Geschmack dieses Gemüses bestimmt nichts für Kinder war, mußte sicher so manch kleiner Maurengeselle von seiner Mutter geduldig überredet werden, diese gesundheitsfördernde Speise herunterzuschlucken. Während Artischocken im Garten wuchsen, waren die Karden (cardo) das wilde Gegenstück dazu. Auch sie waren sehr beliebt in al-Andalus, und noch heute sind sie in manchen Gegenden Spaniens zu haben. Beides, Artischocken und Karden, aß man als Gemüse zu Fleisch oder auch als Hauptgericht. Bei der klassischen maurischen Zubereitungsart durften *garum*, Kreuzkümmel und Koriander auf keinen Fall fehlen.

Der Spinat hat seine Heimat vermutlich in Persien, und sein Name ist auch persischen Ursprungs ("isfinag"). Er wurde bei den Mauren zu "ispinag", was als "espinaca" in die spanische Sprache einging; von dort war es dann nur noch ein kurzer Weg zum "Spinat". Trotz dieser etymologischen Wurzeln im Arabischen war das Gemüse in al-Andalus noch wenig bekannt. Demgegenüber verehrte man den Mangold sehr in der maurischen Küche. Er war gleichsam der maurische Spinat. Es handelt sich um ein Kohlgewächs, dessen fleischige weiße Blattstiele und zarte dunkelgrüne Blätter einen sehr feinen, dem Spinat nicht unähnlichen Geschmack aufweisen. Mangold gehörte zu den beliebtesten Gemüsen überhaupt, darin waren sich die andalusischen Moslems und Juden einig. Noch heute ist Mangold in Andalusien eine Art Nationalgericht, und in dem letzten Refugium der Mauren, den Bergen südlich von Granada namens Las Alpujarras, sind die "acelgas" (Mangold) seit Jahrhunderten unentbehrliche Zutat von Suppen und Eintöpfen. Auch ihr spanischer Name hat arabische Wurzeln ("silqa").

Selbst den wilden Sauerampfer verehrte man in der andalusischen Küche. Berühmt war eine Suppe, die auf der Grundlage einer Fleischbrühe mit Sauerampfer, Zwiebeln und Knoblauch gekocht und mit Muskatnuß, Salz und Pfeffer abgeschmeckt wurde. Auch zu erfrischenden Getränken verarbeitete man ihn; dafür wurde sehr fein geschnittener Sauerampfer mit Zucker in Wasser gekocht. Kurz bevor man das ganze von der Flamme nahm, gab man ein paar grob geschnittene Minzezweige und etwas Zitronen- oder Limonensaft dazu. Das so entstandene teeähnliche Getränk wurde entweder heiß oder eiskalt genossen.

Pasteten jeglicher Art waren sowohl bei den Mauren als auch bei den andalusischen Juden außerordentlich beliebt. In ihnen konnte man gut die Reste der vergangenen Tage verstecken und mit allerlei Gewürzen so verfremden, daß eine völlig neue Speise entstand. Aber nicht nur dafür, sondern auch für originelle Rezepte war der Pastetenteig eine ideale Umhüllung und manch andalusische Köchin oder Koch haben sich in dieser Beziehung etwas einfallen lassen. Neben Fisch-, Hühner- und Fleischpasteten gab es Füllungen aus Erbsen und Mangold, Auberginen, Kürbis und allerhand anderen Früchten. Ein kulinarisches Kleinod waren die äußerst geschmackvollen Sauerampferpasteten.

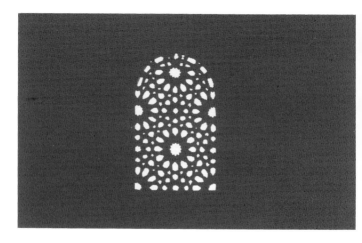

REZEPT: SAUERAMPFERPASTETEN

Zutaten: Hefeteig, 3 Eßlöffel Olivenöl, 3 große Zwiebeln, 2 Eßlöffel fein gewiegter, frischer Koriander (falls man diesen nicht auftreiben kann, tut es auch getrockneter Oregano), frisch gemahlener Pfeffer, Salz, 1 kg frische Sauerampferblätter, 50 g entsteinte schwarze Oliven und Olivenöl zum Bepinseln.

Man fertige einen Hefeteig aus 500 g Mehl, 1 Teelöffel Salz, 20 g Hefe und einem 1/4 l lauwarmen Wasser an, den man nach zehnminütigem, gründlichem Durchkneten an einem warmen Ort zugedeckt etwa eine Stunde gehen lasse.

Man wasche den Sauerampfer sorgfältig und schneide ihn dann klein. Ebenso zerhacke man die Oliven und die Zwiebeln, dann gebe man den gewiegten Koriander (oder Oregano) dazu. Nun dünste man alles zusammen in einem feuerfesten Tongefäß unter ständigem Rühren, bis alle Flüssigkeit verdampft ist. Jetzt teile man den Teig in etwa walnußgroße Bällchen und welle diese jeweils zu einem Kreis aus. In die Mitte des Teiges gebe man etwas von der Füllung und ziehe die Ränder des Teiges an drei Seiten hoch. Man drücke die Ränder fest zusammen oder lasse in der Mitte eine Öffnung. Nun bestreiche man die kleinen Pastetchen mit Öl und backe sie 25 Minuten lang bei 225 Grad.

Es gab nur wenige originelle Beiträge der Berber zur maurisch-andalusischen Küche, obwohl die politischen und gesellschaftlichen Beziehungen zwischen dem Maghreb und al-Andalus zu allen Zeiten recht intensiv waren. Sowohl die Almoraviden als auch die Almohaden, die beide das Schicksal von al-Andalus im 12. und 13. Jahrhundert wesentlich mitbestimmten, stammten aus der Berberei und einer der beiden Invasoren brachte den Kürbis aus Nordafrika mit. Wer von den beiden es war, ist heute nicht mehr nachvollziehbar. Es gab sehr viele Kürbisvariationen, jede mit einem eigenen Namen. Neben dem Fruchtfleisch, welches die Basis der andalusischen Kürbissuppe war, benutzte man auch die Kürbisblüten, die in Öl gebraten eine delikate Beilage waren. Bis auf den heutigen Tag hat sich eine Kürbissüßspeise erhalten, die als Dessert eine wahre Delikatesse sein kann. Sie besteht aus Kürbisfleisch, einer kleinen Menge Sultaninen, Mehl, Zucker, Butter und Milch und wird mit Zitronenschalen, Muskatnuß, Zimt und Pfeffer abgeschmeckt. Was heute als Kürbis bezeichnet wird, ist jedoch im Zweifelsfalle eine neue Frucht, die aus Südamerika von den Konquistadoren nach Spanien mitgebracht wurde.

Noch eine zweite Besonderheit der andalusischen Küche kam von den Berbern über die Straße von Gibraltar: der grüne Blattsalat. Es ist nicht überliefert, ob man ihn auch damals schon roh genoß, sicher jedoch ist, daß er gekocht als Gemüse gegessen wurde.

Gurken sind ein uraltes Kulturgewächs, und ihr Gebrauch in der Küche läßt sich in allen Kulturen rund um das Mittelmeer nachweisen. Vermutlich brachten sie die Juden nach Spanien, und die Mauren haben sie dann auch in ihr kulinarisches Repertoire übernommen. Gurken wurden meist als Gemüse zubereitet, aber auch roh - ähnlich dem griechischen Tsatsiki - mit geronnener Milch und Kümmel und Pfeffer abgeschmeckt als Beilage gereicht. Sehr beliebt in der sommerlichen Hitze Andalusiens war gekühlter, leicht gesalzener Gurkensaft.

Spargel war bei den Griechen und Römern ein ausgesprochen beliebtes Gemüse, aber wie so manch andere antike Delikatesse verschwand er während der Völkerwanderungszeit aus den Kochtöpfen und geriet in Vergessenheit. Erst die Muselmanen entdeckten ihn wieder und schließlich erlebte er in al-Andalus eine neue Blüte. Man unterschied zwischen dem dunkelgrünen wilden und dem etwas helleren Gartenspargel, wobei der erstere der weitaus beliebtere und entsprechend teurer war. Die Art und Weise, weißen Spargel unter der Erde zu züchten, hatte man zu jener Zeit noch nicht entdeckt. Der Spargel mußte dünn und zart sein und durfte nur ganz kurz gekocht werden. Es gab eine maurische Redewendung, die hieß "kürzer als es dauert Spargel zu kochen"; damit bezeichnete man mehr oder weniger einen Augenblick. Mit den Mauren verschwand nach der Reconquista auch der Spargel wieder aus Spanien. Erst drei Jahrhunderte später feierte er seine Wiedergeburt; wobei die Vorliebe für den kleinen dünnen grünen Spargel auf mystische Weise im andalusischen Geschmack überlebt hatte. In der maurischen Küche war in kleine Stücke geschnittener Spargel eine beliebte Beilage oder sogar Teil eines Eintopfes. Die klassischen Spargelgewürze waren in jenen Tagen Koriander, Wiesenkümmel und Pfeffer.

Der Fenchel, eine dem Dill und Anis verwandte Pflanze, wächst auf der gesamten Iberischen Halbinsel wild. Das ausgeprägte und charakteristische Aroma befindet sich sowohl in den Stengeln und den zarten, netzähnlichen Blättern als auch in den Samen, die daher getrocknet als Gewürz - insbesondere in der jüdischen Küche - beliebt waren. Frischer Fenchel ist am besten im Frühjahr, wenn die Triebe noch zart und tiefgrün sind; er wurde viel in Salaten verwandt und diente als Gewürz für sauer Eingelegtes. Das bekannteste maurische Fenchelgericht war die Fenchelsuppe, die man sogar noch heute gelegentlich auf den Speisekarten kleiner Dorfschänken in Andalusien entdecken kann. Der Fenchelsamen fand reiche Anwendung in der Parfümindustrie und später auch als Bestandteil von Likören, deren Herstellung allerdings den christlichen Mönchen vorbehalten war.

REZEPT: EINTOPF AUS THUNFISCH MIT FENCHEL

Der Thunfisch ist eine Makrelenart und war seit den Phöniziern als hochwertiger Fisch im ganzen Mittelmeerraum begehrt. Der kleine, weiße Thunfisch galt dabei als besonders fein. Er war zu Zeiten der Mauren in der Straße von Gibraltar, zwischen dem Mittelmeer und dem Atlantik, häufig anzutreffen. Noch heute erinnert ein kleines andalusisches Fischerdorf zwischen Tarifa und Cádiz an die einstmals enorme wirtschaftliche Bedeutung des Thunfisches: Zahara de los Atunes, der Felsen (arab. sahra) der Thunfische.

Zutaten: 750 g frischer Thunfisch, 200 g Zwiebeln, 300 g frische Fenchelstangen mit Blättern, 5 Knoblauchzehen, 5 Eßlöffel Olivenöl, eine Zitrone, zwei Eßlöffel gewiegter, frischer Koriander, 20 schwarze Oliven, Pfeffer, Salz, Safran, frisch geriebener Ingwer oder Ingwerpulver.

Zunächst schneide man den Thunfisch in quadratische Würfel oder Streifen; dann mariniere man den rohen Fisch etwa eine Stunde in mildem Essig, dem einige Eßlöffel Olivenöl, der Saft einer Zitrone, ein paar Messerspitzen Zimt und frischer, gewiegter Koriander (oder Petersilie) zugegeben wurden. In einer großen, feuerfesten Tonschale dünste man die in Halbmonde geschnittenen Zwiebeln zusammen mit dem kleingeschnittenen Fenchel 10 Minuten in etwas Öl. Im Anschluß daran füge man den marinierten Thunfisch und den kleingeschnittenen Knoblauch sowie die gehackten Oliven hinzu. Das Ganze bedecke man nun mit Wasser, lasse es mindestens 15 Minuten auf mittlerer Flamme köcheln. Schließlich schmecke man die verbliebene Flüssigkeit mit Pfeffer, Salz, Safran und Ingwer ab. Man serviere die Speise in dem gleichen Tontopf, in dem sie gekocht wurde.

Noch ein anderes Wiesengewächs erfreute sich gewisser Beliebtheit in der maurischen Küche: die Brennnessel. Ihr wurden eine Reihe heilsamer Wirkungen zugeschrieben, in der Küche fand sie hauptsächlich als Brennesselsuppe Verwendung. Sie wurde nur im Frühjahr, wenn die kleinen Blätter zart und saftig waren, zubereitet; ihre Zutaten klingen eher bescheiden: Brennesselblätter, Zwiebeln, Pinienkerne, Olivenöl, Salz und Wasser. Was dabei jedoch herauskam, konnte sich schmecken lassen!

Rhabarber spielte in den späten Zeiten von al-Andalus eine große Rolle. Ursprünglich war er wohl eine reine Heilpflanze, deren Wurzeln aus China über die arabischen Handelswege auch nach Spanien kamen. Sie waren als krampflösendes Mittel von den Apothekern gesucht. Eine der chinesischen Pflanze ähnliche Rhabarberstaude, ohne medizinische Wirkung, wurde schließlich zu einem beliebten Nahrungsmittel. So sind uns andalusische Rezepte überliefert, in denen Rhabarber als Gemüse zum Lammfleisch und als pikante Rhabarbersuppe vorkommt.

Ein typisches Gericht waren z.B. Rühreier mit Rhabarber. Die Zutaten sind Eier, Rhabarber, Butter, Zucker, Mandeln, Zwiebeln, etwas Milch, schwarzer Pfeffer und Salz. Das Rhabarberkompott war sowohl bei den Mauren als auch bei den sephardischen Juden ein sehr beliebter Nachtisch. Meist wurde es mit Orangensaft oder Zitronenrinde und Ingwer gewürzt sowie mit Honig gesüßt.

Schließlich verdienen die verschiedenen Rüben Erwähnung, die als Gemüse die maurisch-jüdisch-andalusische Küche bereicherten. Die weißen Rüben (nabo) wurden nicht als eigenständiges Gemüse angesehen, sondern waren fast immer nur Bestandteil von Eintöpfen. Ihnen wurde die Eigenschaft zugesprochen, verschiedene Aromen zusammenzufügen und zu harmonisieren. Demgegenüber spielten die Karotten eine durchaus eigenständige Rolle in der Küche. Besonders beliebt waren die kleinen, wilden Karotten, die man nach kurzem Kochen in Salzwasser in Olivenöl anbraten ließ und dann kalt mit Essig, etwas Orangensaft, Knoblauch, Wiesenkümmel und Senfkörnern als Salat zubereitete.

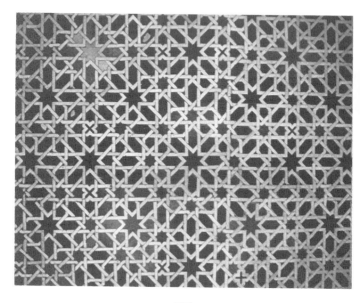

DER GRANATAPFEL ALS SYMBOL UND GENUSSMITTEL

Das Symbol einer der bedeutendsten Städte im muslimischen Spanien ist der Granatapfel, und so heißt diese Frucht auch auf spanisch: "granada". Fast in allen großen Religionen dieser Welt kommt dem Granatapfel eine symbolische Bedeutung zu. Im Buddhismus ist er zusammen mit der Zitrone und dem Pfirsich eine der "drei gesegneten Früchte". In China war er Symbol von Überfluß und Fruchtbarkeit. Die Christen belegten den Granatapfel mit dem Ewigen Leben und der Kirche, deren viele Mitglieder durch die Samenkörner symbolisiert sind. Für die Juden und Araber war die "granada" ein Zeichen der Regeneration und auch der Fruchtbarkeit.

Der Granatapfel ist eine der ältesten Kulturpflanzen der Menschheit. Er stammt vermutlich aus Persien und eine alte Weisheit sagt, daß die Güte eines Granatapfelbaumes mit der Nähe seines Standortes zu Persien steigt. Zur Zeit der Pharaonen galt der Granatapfel als ein geheiligter Lebensspender, und Funde in den Grabkammern aus der Zeit Ramses IV. bestätigen, daß er bei den alten Ägyptern bereits vorhanden war. Im 5. Buch Moses wird der Granatapfel zusammen mit Weintrauben und Feigen erwähnt. Angeblich soll der Granatapfel 613 Kerne haben, so wie das Alte Testament 613 Gesetzte enthält. Die Phönizier sorgten wahrscheinlich für seine Verbreitung rings um das Mittelmeer und brachten ihn auf die Iberische Halbinsel. Als die Berber und die Araber schließlich in Spanien einwanderten, trafen sie beim Granatapfel auf einen guten Bekannten. Schon in vorislamischer Zeit wurden Granatapfelvorräte in den Karawanen, die die Wüsten durchquerten, mitgenommen. Da sich die Früchte bei geschlossener Schale ausgesprochen gut halten, hatte man sie damals im Gepäck, um aus ihnen bei Bedarf ein erfrischendes Getränk zuzubereiten.

Muhammad al-Qazwini, der große islamische Gelehrte, verfaßte zu Beginn des 13. Jahrhunderts seine berühmte Kosmographie (Weltbeschreibung) "Die wundersamen unter den geschaffenen Dingen und die absonderlichen unter den existierenden Dingen" oder im späteren Kurztitel europäischer Übersetzungen "Die Wunder des Himmels und der Erde". Darin widmete er ein Kapitel dem Granatapfelbaum, in dem uns interessante Einzelheiten über die arabische Sicht dieses Baumes und seiner Früchte mitgeteilt werden (Al-Qazwini, 1986). Durch eine Reihe von Tricks, die man während des Pflanzens der Bäume anwenden konnte, gelang es, die Früchte süß oder sauer zu bekommen, und sogar kernlose Früchte konnte man seinerzeit offenbar bereits züchten. Aus den Schilderungen des al-Qazwini läßt sich mühelos ablesen, daß der Verzehr von Granatäpfeln in den islamischen Ländern sehr weit verbreitet war. Abdullah Ibn Abbas, ein Vetter des Propheten Mohammed und von seinen Freunden als der "Weise der Gemeinde" bezeichnet, hat bereits 600 Jahre vor al-Qazwini ein Loblied auf den Granatapfel gesungen: "Er wird immer nur durch einen Tropfen vom Wasser des Paradieses befruchtet. Wenn ihr den Granatapfel eßt, dann eßt ihn mit dem Fruchtfleisch, denn dieses gerbt den Magen, und ein jegliches Körnchen, welches sich im Magen eines Menschen befindet, erleuchtet sein Herz und bringt den einflüsternden Teufel für vierzig Tage zum Schweigen." Dies ist ein Hinweis darauf, daß die Kerne des Granatapfels als ein - wie man heute sagen würde - Psychotherapeutikum angesehen wurden. Man hatte auch besondere Methoden, den im Dezember reifen Granatapfel zu konservieren. Zunächst war beim Pflücken äußerste Vorsicht geboten, denn die Schale durfte nicht verletzt werden; alsdann wurde er in erhitzten Teer getaucht und in einem kühlen Raum an einer Schnur aufgehängt. So behandelt konnte er sich viele Monate halten. Eine andere Methode empfahl, die am Baum hängenden Früchte mit trockenem Gras zu umwickeln und vor dem Wintersturm zu schützen; dadurch konnte man die Granatäpfel angeblich bis ins Frühjahr hinein frisch und saftig halten.

Die Bedeutung des Granatapfelbaumes ging aber weit über seine wohlschmeckenden Früchte hinaus. Wir erfahren in dem erwähnten Buch des al-Qazwini zum Beispiel, daß Ungeziefer das Holz sowie den Rauch des Holzes meidet, und als Beweis dafür führt der Autor an, daß man in den Nestern bestimmter Vogelarten kleine Granatapfelbaumstücke findet, die die Jungen u.a. auch vor Schlangenfraß schützen sollen. Auch der berühmte Arzt Ibn Sina (Avicenna) soll sich in ähnlicher Weise dazu geäußert haben. Den Blüten des Granatapfels, im arabischen "dschullanar" genannt, wurden heilende Wirkungen bei Zahnfleischbluten, losen Zähnen und blutigem Auswurf zugesprochen. Schließlich waren Schale und Saft bei den Mauren als Farbstoffe für Textilien bekannt. Kocht man die Schale des Apfels, so ergibt das eine pechschwarze Tinte, die auch eine besondere Heilkraft bei Bandwurmbefall haben soll.

Als Genußmittel war der Granatapfel hauptsächlich für die Herstellung wohlschmeckender Getränke gedacht. Durch Auspressen der Frucht erhält man einen weinroten Saft, dem die Mauren durch Zugabe kleiner Mengen Zitronensaft entsprechende Säure verliehen. In der Stadt Granada war er zur Zeit der Mauren in den ersten Sommermonaten besonders beliebt, da man ihn mit dem nachts herbeigeschafften Eis der Sierra Nevada auch eisgekühlt serviert bekam. Aber die maurische Küche verwendete Granatapfelsaft auch zur Zubereitung von Fleisch- und Geflügelgerichten. "Hähnchen in Granatapfelsaft" war eine maurische Delikatesse, von der auch noch die späteren christlichen Bewohner der Stadt geschwärmt haben. Leider ist das Originalrezept verschollen, aber es scheint sicher, daß neben dem Granatapfelsaft auch Rosinen und getrocknete Aprikosen mit von der Partie waren. Schließlich fand der Granatapfel gelegentlich auch zur Bereitung von Süßspeisen Verwendung.

VON DER VIELFALT DES OBSTES

Während in der modernen europäischen Küche das Obst immer mehr in den Bereich des süßen Nachtischs verdrängt wurde, galt es im kulinarischen Selbstverständnis der Mauren und der Juden als ein integraler Bestandteil beinahe aller Speisen. Gerichte, die sowohl Fleisch als auch Obst enthielten, waren an der Tagesordnung (Bolens, L., 1991). Gulasch, d.h. kleine Fleischwürfel oder Geflügel mit Rhabarber, Pfirsichen, Pflaumen, sauren Kirschen, Quitten, Äpfeln, Aprikosen oder Granatapfelkernen waren - und sind teilweise auch noch heute - in den moslemischen Mittelmeerstaaten weit verbreitet. Eine beliebte sephardische Speise zum herbstlichen Rosch-ha-Schana-Fest war der "Zimmes", eine Kombination der verschiedensten verfügbaren Herbstfrüchte mit Kalb- oder Rindfleisch.

Interessanterweise gibt es eine ganz ähnliche Küchentradition, in der Fleisch mit Obst gekocht wird, auch in Mexiko. Man muß nicht über in Urzeiten zusammenhängende Kontinente spekulieren, die Lösung des Rätsels liegt vielleicht viel näher: Wie schon angedeutet, haben die spanischen „Conquistadores" vermutlich die maurischen Rezepte ihrer alten Heimat im Gepäck gehabt. Auf diese Art kamen sicher auch maurische Gewürze und Kräuter sowie Zitrusfrüchte, Zuckerrohr und verschiedene Haustiere in die Neue Welt. Im Gegenzug exportierten die spanischen Eroberer Kartoffeln, Tomaten, Tabak, Kakao und eine Vielzahl von verschiedenen Bohnensorten nach Europa.

Die Quitte, heute eine beinahe vergessene Frucht, war für die Mauren ein unentbehrliches Obst in der Küche. Gefüllte Quitten waren eine alte maurische Spezialität, die vermutlich über Persien auf die Iberische Halbinsel kam. Mit Kichererbsen, Hackfleisch und Zwiebeln gefüllte Früchte wurden in Wasser gedämpft und mit einer süß-sauren Sauce serviert. Ein anderes, sehr beliebtes Gericht waren Quitten mit Lamm- oder Hühnerfleisch; es wurde mit Zwiebeln, Öl, Safran, Ingwer und frischem Koriander angerichtet. Bei den Griechen galt die Quitte als ein Fruchtbarkeitssymbol, eine Ansicht, die von den Arabern übernommen wurde. Aus al-Andalus ist uns allerdings nichts überliefert, was darauf schließen ließe, daß die Mauren die Quitte mit einer ähnlichen Symbolkraft bedachten.

Wenn von vergessenen oder beinahe vergessenen Früchten die Rede ist, muß man auch der Maulbeere gedenken. Als die aus China stammende Seidenraupenzucht in al-Andalus, und besonders im Königreich Granada, zu einem wichtigen Wirtschaftsfaktor herangewachsen war, fielen, gleichsam als Nebenprodukt, Maulbeeren an. Die Seidenraupen lebten nämlich ausschließlich von den Blättern des Maulbeerbaumes. Die Maulbeere wurde, wohl unter chinesischem Einfluß, als Symbol der drei Lebensalter des Menschen gesehen. Die drei Farben ihres Reifens, weiß, rot, schwarz, bedeuteten die drei Lebensalter des Menschen: weiß war das unschuldige Kind, rot der aktive, tätige Mensch und schwarz das Alter und schließlich der Tod. Somit war der Maulbeerbaum ein Baum des Lebens, er hatte magische

Kräfte gegen die Mächte der Finsternis. Im kulinarischen Alltag wurden die saftigen Maulbeeren wegen ihrer intensiv dunkelblauen bis violetten Farbe zum Färben von Saucen und anderen Speisen benutzt. Auch als Marmelade und Sirup waren sie beliebt. Handel wurde mit den intakten Früchten nicht betrieben, denn sie mußten wegen ihrer weichen Konsistenz sofort nach der Ernte verarbeitet werden.

Vergessene Lieblinge der andalusischen Küche sind auch die vielen Varianten der Rosenfrüchte. Botanisch gesehen sind diese, wie die Äpfel oder die Feigen, sogenannte Scheinfrüchte; kulinarisch gesehen bieten sie eine immense Vielfalt von Verwendungsmöglichkeiten, und die Mauren haben diese intensiv genutzt. Kein Wunder, wenn man bedenkt, daß Rosenblätter zur Herstellung des überaus populären Rosenwassers die Rosenzucht in al-Andalus zu einem wichtigen wirtschaftlichen Faktor werden ließ. Am bekanntesten war die Azarolmispel (gelegentlich auch Azarolbirne oder nur Azarole genannt), eine etwa pflaumengroße Frucht des Rotdorns, die in unseren Breitengraden als Mehlbeere bezeichnet wurde und der Hagebutte ähnlich war. Sie war bei den Mauren wegen ihrer aromatischen Süße sowie ihres feinen apfelähnlichen Geschmacks beliebt und wurde meist zu Sirup oder Kompott verarbeitet. Eine andere Variation war der Rosenapfel, der in unseren Breitengraden einst als "welsche Hagebutte" oder "rote Brustbeere" eine gewisse Verbreitung erreichte. Dies war die Frucht der Jujube, einer Form der Eberesche. Sie hieß auch "Juden- oder Christusdorn", denn aus ihr soll die Dornenkrone gefertigt worden sein. Die etwa mirabellengroßen Rosenäpfel wurden gerne an der Sonne getrocknet und waren dann geschmacklich den Datteln recht ähnlich.

Die Rose war im übrigen ein sehr komplexes Symbol und spielte als solches in allen drei Religionen von al-Andalus eine wichtige Rolle. Bei den maurischen Mystikern symbolisierte sie das Blut des Propheten sowie seine beiden Söhne, Hassan und Hussein, seine beiden "Augen" oder "Rosen". In der "Rose von Bagdad" versinnbildlichte der erste Kreis das Gesetz, der zweite den Weg und der dritte das Wissen, und alle drei zusammen sind die Wahrheit und der Namen Allahs. Bei den sephardischen Kabbalisten galt die Rose als Symbol der Sonne und bedeutete die Harmonie der Natur. Demgegenüber sahen die christlichen Mystiker in der Rose vornehmlich das Rosenkreuz; die Rose war das göttliche Licht des Universums und das Kreuz Symbol der menschlichen Welt der Schmerzen und der Opfer. Die Jungfrau Maria wurde als "Rose des Himmels" bezeichnet.

Man kann nicht von andalusischer Küche schreiben, ohne die Sperbe zu erwähnen. Die "serba" ist ein, mittlerweile auch in nördlichen Gegenden heimischer Baum aus der Familie der Ebereschen, dessen Frucht der Speierling ist. In der Form eines kleinen Apfels oder einer kleinen Birne enthält diese Frucht viel Säure und feine Tannine. Insbesondere im 14. Jahrhundert wurde sie in al-Andalus zu einer gastronomischen Mode. Man machte Säfte und Konfitüren aus ihr, die mit Rosenwasser und Zucker versetzt, zu einer unbeschreiblichen Delikatesse wurden. Berühmt war der andalusische, mit Speierling versetzte Essig. Ganz sicher wird mancher Freund des Frankfurter "Stöffche" erstaunt sein, daß das Qualitätsmerkmal seines geliebten Apfelweins, eben genau jener Speierling, aus dem fernen Andalusien in die Frankfurter Nachbarschaft gekommen ist.

Die Aprikosen spielten ihre Rolle in al-Andalus eher in der salzigen Küche. Eines der berühmtesten Gerichte der Mauren war Lamm mit Aprikosen. Dazu wurden meist getrocknete Früchte benutzt. Um den süßen Charakter der Speise noch zu betonen, gab man gelegentlich sogar noch Rosinen dazu. Selbstverständlich durften Zimt und geriebener Koriander nicht fehlen. Als Beilage servierte man Reis, der mit etwas Zimt und reichlich frischem Koriander gewürzt war. Die andalusischen Juden bevorzugten getrocknete Aprikosen besonders als Füllung von Geflügel. Neben der auch uns bekannten Gartenaprikose muß es in jenen Zeiten auch eine wilde Aprikosensorte gegeben haben, von der berichtet wurde, daß sie ganz besonders süß und aromatisch gewesen sei.

Insbesondere die Sephardim schätzten die feine Säure der Pflaumen. Zusammen mit Zwiebeln und süßen Karotten waren sie eine beliebte Beilage zum Kalbfleisch. Zu Lammgerichten reichte man gelegentlich auch getrocknete Pflaumen. Vielfach wurden diese Gerichte in der jüdischen Küche nicht mit Olivenöl oder Butter zubereitet, sondern mit Gänsefett. Das Interesse der Mauren an Pflaumen, von denen es verschiedenste Farbvarianten gab, galt ihrer Anwendung zusammen mit Fischgerichten. Hier wurden sie gelegentlich mit Kirschen bzw. Sauerkirschen kombiniert. Eine wilde Pflaumenform, die Schlehe, fand vornehmlich in Marmeladen Anwendung; manchmal wurde sie aber auch als Pflaumenersatz in der salzigen Küche verwendet.

Die Kirsche gehört zu den ältesten Kulturfrüchten im Mittelmeerraum. Sie war, und ist noch immer, die Grundlage für unendlich viele Variationen von Marmeladen, Sirups und Sorbets. Sehr beliebt in diesen süßen Kreationen war die Kombination von Kirsche mit frischer Pfefferminze. Geflügel, insbesondere die Gans, war ein beliebtes Mahl, zu dem die Kirsche als Beilage gereicht werden konnte. Ihre interessanteste Anwendung fand sie allerdings in al-Andalus als Bestandteil von Fischgerichten. Kandierte Kirschen wurden zu Lachs, Sardinen und anderen Fischen serviert. Eine Besonderheit waren in Essig eingelegte Kirschen, die man mit Koriander, Pfeffer und Zimt würzte. Dies war eine andalusische Variante der indischen "chutneys". Ein berühmtes Rezept aus der Zeit der maurischen Kleinreiche, der Taifas, war Thunfisch mit Sauerkirschen.

REZEPT: THUNFISCH MIT SAUERKIRSCHEN

Zutaten: 1 kg frischer Thunfisch, Saft einer Zitrone, drei Zehen Knoblauch, Kreuzkümmel, frischer Koriander (alternativ: Petersilie), Nelken, Lorbeerblätter, zwei mittelgroße Zwiebeln, Olivenöl, Pfeffer, Salz, 1 Glas Rosenwasser (alternativ: trockener Weißwein), 300 g Sauerkirschen, entkernt und geschält.

Man mariniere die würfelförmig geschnittenen Thunfischstücke über Nacht in einer Mischung aus Zitronensaft, Kreuzkümmel, zerstoßenem Knoblauch, frischem Koriander (oder Petersilie), Nelken, Lorbeerblättern und kleingeschnittenen Zwiebeln. Am folgenden Tag erhitze man etwas Öl in der Pfanne und brate den Fisch zusammen mit frisch geschnittenen Zwiebeln leicht an. In einem zweiten Topf erhitze man das Rosenwasser (oder den Wein) zusammen mit Pfeffer, Salz, Lorbeerblättern und Nelken. Sobald alles zum Sieden gekommen ist, füge man die entkernten und geschälten Sauerkirschen hinzu. Wenn diese weich gekocht sind, gebe man den angebratenen Fisch hinzu und lasse alles zusammen für ein paar Minuten köcheln. Danach entferne man den Fisch. Die Sauce presse man durch ein Sieb, so daß ein Püree entsteht. Den Fisch kann man in ein (in Essig gekochtes) Weinblatt einwickeln und mit der Sauce übergießen.

Auch die Äpfel, Symbole der Fruchtbarkeit und der Liebe, fanden reichlich Anwendung in der Küche von al-Andalus. Mit Ingwer, Zimt und Rosenwasser gewürztes Apfelmus stellte eine beliebte Zutat zum Geflügel, insbesondere zum Hühnchen, dar. Mit Kalb- oder Rindfleisch gefüllte Äpfel waren ein geschätztes Gericht der Mauren und Juden. Es wurden auch verschiedene Süßspeisen und Backwaren mit Äpfeln hergestellt, wobei eine Quelle ein zartes Gebäck beschreibt, welches unweigerlich an Apfelstrudel erinnert. Sollten die Türken bei ihrem Invasionsversuch nach Österreich im 18. Jahrhundert nicht nur den Kaffee, sondern auch das Rezept eines maurischen Strudels im Gepäck gehabt haben? Denkbar wäre es, denn den sephardischen Juden von Thessaloniki oder Konstantinopel müssen diese Köstlichkeiten noch in lebhafter Erinnerung gewesen sein.

Interessant ist, daß die Mauren die Banane nach Europa geholt und sie in Südspanien um die Stadt Almuñécar herum erfolgreich kultiviert haben. Die sonst nur in den Tropen heimische Frucht galt als große Delikatesse und war, wegen ihrer geringen Verfügbarkeit, entsprechend teuer. In den späten Tagen des nasridischen Granada wurden Bananen von Motril aus sogar in die übrige arabische Welt exportiert, wo sie wegen ihres intensiven Aromas als Paradiesfrucht verehrt wurden. Bananen waren Bestandteil von ausgesuchten Süßspeisen und Sorbets, wobei die Geschmackskombination mit Orangen und Kardamom besonders geschätzt wurde. In der salzigen Küche gab es sie gebraten gelegentlich als Beilage, insbesondere zu Reisgerichten. Die kulinarische Faszination, die einst von der Banane ausging, ist heute, wo diese Frucht billig und leicht verfügbar ist, kaum mehr richtig nachvollziehbar.

Abu Musa, der aus dem Jemen nach Medina kam und in der nächsten Umgebung des Propheten lebte, berichtet, der Gesandte Gottes habe gesagt: "Der Gläubige, der den Koran rezitiert, ist wie die süße Zitrone, die gut riecht und angenehm schmeckt. Der Gläubige, der den Koran nicht rezitiert, ist wie die Dattel, die keinen Geruch an sich hat, aber lecker schmeckt. Der Heuchler, der den Koran rezitiert, ist wie Myrrhe, die angenehm duftet und bitter schmeckt. Und der Heuchler, der den Koran nicht rezitiert, ist wie die Koloquinte, die nicht riecht und bitter schmeckt" (al-Buhari, 1991). Dieses frühe Zitat des Propheten zeigt einmal mehr die poetische Bildhaftigkeit des arabischen Geistes. Mit "süßer Zitrone" wurde natürlich die Apfelsine bezeichnet. In der maurisch-jüdischen Küche von al-Andalus nahmen die Zitrusfrüchte einen bedeutenden Platz ein, allen voran stand die Orange. Sie wurde ein Symbol von al-Andalus, und die Legende besagt, das rot eingerahmte Goldgelb der heutigen spanischen Flagge sei eine Huldigung an die Nationalfrucht Orange. Mit ihr wurden zu maurischen Zeiten nicht nur unendlich viele Süßspeisen und Sorbets hergestellt, sie war auch eine sehr beliebte Zutat zu salzig-sauren Salaten. Berühmt geworden ist der "remojón", ein Salat mit Stockfisch, eingelegten Oliven und frischen Orangen.

Die Araber haben sie von China nach Spanien gebracht. Schon frühzeitig trat eine ganz erstaunliche Sortenvielfalt in al-Andalus auf. Neben der süßen Apfelsine ist vor allem das Vorhandensein der Bitter- und der Blutorange dokumentiert. Vermutlich gab es auch schon mandarinenähnliche Zitrusfrüchte. Übrigens, die Orangenblüte galt bei den spanischen Muselmanen als Symbol der Fruchtbarkeit, und bei Hochzeiten im Frühjahr trugen die jungen Bräute einen blühenden Orangenzweig im Haar. Sie huldigten damit der Jungfräulichkeit, Keuschheit und Reinheit ihrer Person. Kaum eine andere Kulturpflanze hat die Phantasie so beflügelt wie die Apfelsine: sie blüht und trägt gleichzeitig noch Früchte. In der Gastronomie wurde sie vor allem als Saftobst in verschiedenen Zubereitungen genossen und war - wie oben bereits erwähnt - auch bei salzigen Speisen eine beliebte Zutat.

Die "saure" Zitrone hatte keine so überragende Bedeutung; es gab die Limonen und die Zitronat- oder Zedratfrüchte. Letztere wurden vor allem wegen des Aromas ihrer Schalen in der Küche und in den andalusischen Konditoreien hoch geschätzt. Auch die Pomeranze und die aromatische Bergamotte waren den Feinschmeckern im Maurenland durchaus bekannt. Man kannte viele Methoden, Zitrusfrüchte zu konservieren; die einfachste Art war, sie in Stücke zu schneiden und in einer Salzlauge in großen Tongefäßen zu marinieren. Die Lauge wurde anschließend gerne für Salate verwendet, während man die konservierten Limonen oder Zitronen zur Zubereitung von Fleisch und Geflügel benutzte. Man hat gele-

gentlich gesalzene Limonenstückchen auch in Öl eingelegt und als Beilage zu Fisch- oder Hühnchengerichten
gereicht.

Die Mispel, von den Mauren "nispola" genannt, ist
eine unscheinbare Steinfrucht mit süß-saurem und leicht
adstringierendem Fruchtfleisch. Sie wurde meist zu Sirup
verarbeitet, welcher bei der Bereitung der beliebten süß-
sauren Speisen eine gewisse Rolle spielte. Die Frucht,
die heute in Andalusien unter dem Namen "nispero"
wächst und die Feinschmecker im Frühjahr erfreut, ist
die japanische Mispel und war zu Zeiten der Muselmanen noch gänzlich unbekannt.

Läßt man um die Weihnachtszeit das Auge über die
andalusischen Berglandschaften schweifen, wird man
hier und da einen weißen Schimmer über einem laublo-
sen, knorrigen Mandelbaum erkennen. Bei näherem Hin-
sehen wird man gewahr, daß es ein blühender Baum ist.
Die schneeweißen Blüten mit ihren zartrosa Rändern gehören zum schönsten, was die Natur im Winter zu bieten
hat. Die Mauren sahen in ihnen vor allem das Ebenbild
der Zartheit, der Süße und des Liebreizes. Da sie die ersten Blüten des Jahres sind, betrachteten sie die Juden als
die "Wächter" über alles nachfolgend Blühende, und so
wurden sie beinahe zwangsläufig zu einem Symbol der
Wachsamkeit. Als die Tochter des phrygischen Königs
Midas aus Kummer über den Tod ihres Geliebten starb,
soll auf ihrem Grab ein Mandelbaum gewachsen sein.

Die Mandel hat den Charakter der maurisch-jüdischen Küche mit geprägt. Mandeln waren die Grundlage für unendliche Süßigkeitsvariationen, deren bekannteste zu allen Zeiten von al-Andalus das Marzipan war. Viele dieser andalusischen Spezialitäten sind von den Klosterköchen und -konditoren der christlichen Eroberer übernommen worden und haben sich auf diese Art bis zum heutigen Tage, insbesondere im Süden Spaniens, erhalten.

Die berühmten "weißen Speisen" der Mauren waren salzige Gerichte, die reichlich Mandeln sowie Rosenwasser enthielten. Der Prototyp war die "Mandelsuppe", die aus im Mörser pürierten Mandeln bestand, denen Milch, Rosenwasser, Salz, Paprika und einige geröstete Blätter des Mandelbaumes oder - ebenfalls geröstete - Mandelsplitter zugegeben wurden. Diese Köstlichkeit aß man lauwarm, auf keinen Fall heiß, denn dadurch wäre der feine Geschmack der Mandeln verloren gegangen. Neben Lammspeisen waren es vor allem Hühnergerichte, die mit reichlich Mandeln verfeinert wurden. Für derartige Zubereitungen benutzte man als Richtlinie ein Gewichtsverhältnis von einem Teil Mandeln zu 6 Teilen Fleisch.

Es gab noch viele andere Nüsse, die jedoch in der Küche von al-Andalus nur eine untergeordnete Bedeutung besaßen. Zu nennen sind die Hasel- und Walnüsse, die vorwiegend bei der Herstellung von Torten und kleinerem Backwerk Anwendung fanden. Pinienkerne, heute weit verbreitet in der gesamten mediterranen Küche, waren auch in al-Andalus mit Gemüsen wie Mangold in

Gebrauch. Eßkastanien wurden ganz ähnlich der heutigen Anwendungsart, zusammen mit Lamm, Kaninchen und als Füllung von Geflügel verwandt. Zu gewissen Zeiten, vornehmlich im 12. und 13. Jahrhundert, waren Eicheln sehr populär. Was heute als Schweinefutter gilt, wurde damals getrocknet, geröstet und pulverisiert und verschiedenen Süßspeisen zugefügt. Natürlich waren Eicheln in schlechten Zeiten auch immer gut genug als Kalorienspender; es ist uns das Rezept eines maurischen Brotes aus Weizen- und Eichelmehl überliefert; ob dies allerdings sehr schmackhaft war, ist zweifelhaft.

ÜBERLIEFERUNGEN IN WORT UND SCHRIFT

Die rasche Ausdehnung der islamischen Welt vom Indischen Ozean bis zum Atlantik im 8., 9. und 10. Jahrhundert hatte einen intensiven und freien Austausch von Kulturgütern innerhalb der eroberten Länder in Gang gebracht. Dazu gehörten auch die vielen, hier zum Teil beschriebenen Nutzpflanzen sowie deren Anbautechniken. Kein Wunder also, daß man in al-Andalus über eine Vielzahl von Nahrungsmitteln verfügte, die seinerzeit im restlichen Europa noch unbekannt waren. Die Speisen, die im Mittelalter in den Kochtöpfen unserer Vorfahren garten, mögen im Vergleich zur Küche von al-Andalus wie fade Schonkost geschmeckt haben. Wen wundert es da, daß einige Begriffe im Spanischen auch heute noch die Erinnerung an kulinarische Genüsse bewahren, deren Bekanntheit in Europa den Mauren zu verdanken ist.

Die arabische Herkunft ist beispielsweise für folgende Begriffe aus der Küche gesichert:

Spanisch	Arabisch	Deutsch
aceite	az-zit	Öl
acelga	as-silqa	Mangold
albahaca	al-habaqa	Basilikum
albaricoque	al-barquq	Aprikose
albóndiga	al-bunduqa	Fleischkloß
alcachofa	al-charsuf	Artischocke
alcaparra	al-kabar	Kaper
alcaravea	al-karawija	Kümmel

Spanisch	Arabisch	Deutsch
alcorza	al-qursa	Zuckerguß
alfajor	al-hasu	Gewürzkuchen
alfenique	al-fanid	Zuckergebäck
alfóstigo	al-fustaq	Pistazie
almíbar	al-miba	Sirup
almirez	al-mihras	Mörser
altramuz	al-turmus	Lupine
anís	anysun	Anis
alubia	al-lubija	Bohne
arrope	ar-rub	Mostsirup
arroz	ar-ruz	Reis
atún	at-tun	Thunfisch
azafrán	za'faran	Safran
berenjena	badinjana	Aubergine
cártamo	qurtum	Saflor
cereza	qarasija	Kirsche
comino	kammun	Kreuzkümmel
endibia	hindiba	Endivie
espinaca	isfanaj	Spinat
lima	lima	Limone
limón	lajmun	Zitrone
majama	musama	getrockneter Thunfisch
naranja	naranija	Orange
sésamo	simsim	Sesam
toronja	turunija	Apfelsine/Orange
zanahoria	isfanarija	Mohrrübe

Diese beeindruckende Liste stellt in Wirklichkeit nur eine kleine Auswahl von Küchenwörtern arabischen Ursprungs dar, die sich in der spanischen Sprache wiederfinden (Eléxpuru, I., 1994). Für den kulturgeschichtlich orientierten Gourmet ist sie schon deshalb von Interesse, weil man ohne viel Phantasie sogar in manchem arabischen Wort das deutsche Gegenstück erkennen kann. Die Tatsache, daß ein arabisches Wort in der spanischen Sprache häufig für Dinge aus der Küchenwelt steht, für die es auch einen etablierten lateinischen Namen gab (z.B. "citreum" = Zitrone, "oleum" – Öl u.v.a), kann nur heißen, daß mit diesem Begriff ein Stück maurische Kultur verbunden war. Am deutlichsten wird dies bei den Bezeichnungen für Gewichte und andere Maße, mit denen man die Mengen von Nahrungsmitteln angab. Zwar hat die Einführung des metrischen Systems auch in Spanien die ursprünglichen Begriffe ersetzt, aber so manche alte Hausfrau in den abgelegenen Dörfern kennt sie noch vom Hörensagen. Hier ein paar Beispiele:

Spanisch	Arabisch	Bedeutung
alcolla	kulla	unbekanntes Hohlmaß, bezeichnet jetzt eine große Glasflasche
arrelde	ratl	etwa vier altdeutsche Pfund
arroba	rub	die Arrobe = 25 Pfund
cahiz	qahiz	Hohlmaß von 666 Litern
dracma	dirhem	die Drachme = Apothekengewicht
quintal	quintar	der Zentner = 4 Arroben
tomin	thumm	Gewicht von ca. 0,87 Gramm

Auch die Bezeichnung „Karat" (spanisch „quilate") für das Gewicht von Edelsteinen leitet sich aus dem Arabischen ab und hat einen direkten Bezug zum Kulinarischen. Die harten Samen des Johannisbrotes (Karobe bzw. französisch „Carob") hießen arabisch „quirat" und dienten - da sie immer fast exakt gleich viel wiegen, nämlich 0,18 Gramm - als Gewichtseinheit für Edelsteine, Gewürze und andere kostbare Waren.

Leider gibt es nur sehr wenige schriftliche Überlieferungen von Rezepten aus der Maurenzeit. Das vermutlich bedeutendste in al-Andalus erschienene und noch erhaltene Kochbuch, das "Kitab al-tabig" aus dem 13. Jahrhundert, ist eine der wenigen authentischen Quellen zum Thema maurische Gastronomie. Sehr frühe Übersetzungen ins Kastilische und gar ins Englische bezeugen eindrucksvoll das Interesse auch der nördlichen und christlichen Zeitgenossen an der verfeinerten Lebensart der iberischen Muselmanen. Die Rezepte waren alles andere als leicht ausführbar und sind wahrscheinlich nur für die Palastküche der Kalifen und Emire aufgeschrieben worden. Das einfache Volk konnte sich weder die Zutaten leisten, noch hatte es die Zeit oder besaß die Geräte, um diese Speisen zuzubereiten.

Ein Beispiel aus dem Kitab al-tabig ist das Lamm-Gericht "Al Rasidiya", was sich kaum zum Nachkochen eignet, aber viel vom Charakter der maurischen Küche verrät: Das säuberlich präparierte und in sehr dünne Scheiben geschnittene Fleisch mußte in einem Kräutersud gar gekocht werden; kleine, gewürzte Fleischklößchen wurden zusammen mit hartgekochten Rebhuhneiern in einer pikanten Sauce abgeschmeckt und schließlich mit den Lammscheiben als Eintopf serviert. Dazu gab es Reis und Brot. Walnüsse, Mandeln, Ingwer, Thymian, Zimt und Paprika sind nur einige der Zutaten, die - genau aufeinander abgestimmt - den Geschmack und das Aroma der maurischen Küche ausgemacht haben. Diejenigen Mauren, die Andalusien noch rechtzeitig verlassen konnten, haben ihre Kochgewohnheiten im Exil fortgeführt. Daher gehen viele Gerichte und Gewürze der heutigen mediterranen Küche auf die Mauren zurück.

AL-KUSKUS UND DER KULINARISCHE ALLTAG IN AL-ANDALUS

Al-kuskus war für die Mauren etwa das, was für uns heute Kartoffeln, Klöße oder Spätzle sind, eine sättigende Beilage zu saucenreichen, aromatischen Gerichten. In Marokko stellt Couscous heute ein Nationalgericht dar. Ob "al-kuskus" eine Entwicklung des Maghreb war und über die Straße von Gibraltar ins maurische Andalusien kam oder ob es den umgekehrten Weg nahm, ist heute nicht mehr mit Bestimmtheit zu sagen. Mit den Mauren ist "al-kuskus" jedenfalls aus Andalusien verschwunden. Lediglich in den Grenzen des alten Königreichs Granada hat sich eine "christliche" Version dieses ur-maurischen Gerichtes erhalten. Unter dem Begriff "migas" (eigentlich im Spanischen "Brotkrumen") versteht man hier eine Speise aus in Wasser gequollenem Mais- oder Weizengrieß, der in Öl mit etwas Knoblauch gebraten und - typischerweise - mit gebratenen Sardinen gegessen wird.

Im glücklichen al-Andalus gab es bei der Vorliebe für "al-kuskus" keinen Unterschied zwischen Arm und Reich. Es war das klassische Freitagsgericht, mit dem man den islamischen Sabbat einläutete. Auch bei Hochzeiten galt "al-kuskus" als einer der gastronomischen Höhepunkte. Das andalusische Kuskus wurde aus Weizengrieß und Weizenmehl hergestellt. Am Tisch fertig serviert, sah es wie ein großer weißer Berg aus feinen runden Körnern aus, dessen Form der eines Vulkans glich. In dem Krater auf der Spitze befand sich Lamm-, Schaf- oder Rinderfleisch mit Gemüse in einer süßlich bis scharfen Sauce, über die halbierte Mandeln gestreut wurden. Zu maurischen Zeiten kannte man das Konzept der vorbereiteten Speisezutaten so gut wie gar nicht, und daher wurde alles an einem Gericht immer so frisch wie möglich zubereitet. Wie bei Nudeln und Spaghetti, den anderen populären Nahrungsmitteln aus Weizenmehl, bedurfte auch die Zubereitung von "al-kuskus" viel Zeit und Mühe. Die Köche und Köchinnen begannen mit seiner Vorbereitung meistens am Tage vorher. Die nachfolgende Beschreibung der Herstellung von Kuskus stützt sich auf ein maurisches Originalrezept, wie es heute noch in traditionell orientierten marokkanischen Familien zur Anwendung kommt (Day, I., 1976).

REZEPT: AL-KUSKUS

Die Fertigung des eigentlichen Kuskus, der Grundlage aus Grieß und Weizenmehl, besteht aus drei Schritten: Zunächst ordne man den Grieß in einer großen, weiten Schüssel ringförmig an, so daß in der Mitte ein freier Raum bleibt. Nun gebe man mit einem Löffel ein wenig Wasser in das Zentrum und verteile mit leichten Bewegungen beider Hände den Grieß darüber. Über den Inhalt der Schüssel streue man etwas Salz und Mehl und vermische alles mit den sich im Uhrzeigersinn drehend bewegenden Händen. Bei diesem Prozeß bilden sich kleine körnergroße Teigstückchen verschiedenen Durch-

messers. Schließlich schüttle man das Ganze durch ein mittelmaschiges Sieb. Die feinen Körner, die durch das Sieb hindurchgehen und die sehr groben Stücke, die sich an der Oberfläche des Siebes sammeln, schütte man wieder zusammen. Der Rest, der im Sieb geblieben ist, stellt das eigentliche Kuskus dar. Die Körnchen, die durch die Maschen gefallen sind sowie die groben Teilchen im Oberteil des Siebes gebe man wieder in die Schüssel und behandle sie nach Besprenkeln mit etwas Wasser und Mehl so wie den ursprünglichen Grieß. Man wiederhole die Prozedur so lange, bis der ganze Grieß die Größe der Kuskus-Teilchen hat. Im zweiten Schritt koche man das rohe Kuskus im Sieb über Wasserdampf gar. In einem dritten Schritt folgt die Trocknung: man lagere die gekochten Kuskus-Körner auf einem Tuch an einem luftigen Platz, bis sie am nächsten Tag hart und trocken sind. Dieses getrocknete Kuskus hebe man dann entweder für einen späteren Zeitpunkt auf oder aber - und dies machten die guten Köche in al-Andalus - verarbeite sie gleich weiter.

Bei der Zubereitung des Kuskus für das Essen wasche man die Körner wiederum kurz in kaltem Wasser. Dies darf wirklich nur ein paar Sekunden dauern, danach lasse man das Wasser durch Absieben vollständig ab. Die feuchten Kuskus-Körner müssen mindestens eine Viertelstunde quellen. Danach durchwirke man sie mit der bloßen Hand leicht, damit sie nicht aneinander kleben bleiben und etwas aufgelockert werden. Schließlich widme man sich dem zweiten Abschnitt des Mahles: der Zubereitung des Fleisches und der Saucen. Etwa eine

Dreiviertelstunde bevor dies alles fertig ist, beginne man mit der endgültigen Bereitung des Kuskus. Die Hälfte des Kuskus gare man nun in einem Sieb über dem Dampf des Kochtopfes, in dem sich das Fleisch befindet. Dabei achte man darauf, daß zwischen dem Sieb und der Öffnung des Topfes kein Dampf entweicht, gegebenenfalls dichte man es mit einem feuchten Tuch oder einem Mehl-Wasser-Teig ab. Wenn der Dampf durch das Kuskus hindurch in den Raum entweicht, füge man die restlichen Kuskus-Körner hinzu. Insgesamt dauert die gesamte Prozedur des Kochens der Körner etwa eine halbe Stunde. Am Ende sollten die Kuskus-Körner weich sein, aber dennoch fest und nicht matschig oder klebrig. Wenn das Kuskus schließlich im Dampf fertig gekocht ist, gebe man es zurück in die Schüssel und mische etwas Butter, schwarzen Pfeffer sowie reichlich Zimt hinein und befeuchte es ein wenig mit heißem Wasser oder Brühe.

Am Ende häufe man das Kuskus auf einer großen Platte zu einem Berg auf und drücke in dessen Spitze mit den Händen eine Mulde. Dort hinein tue man die Fleischstücke und - wenn sie steif genug ist - auch die Sauce. Ansonsten serviere man die Brühe zusammen mit einer scharfen Kuskus-Sauce getrennt, in kleinen Schüsselchen.

In al-Andalus galt die Vorschrift, daß man zum Kuskus nichts trank, denn so war es offenbar bekömmlicher. Erst etwa eine halbe Stunde nach dem Essen begann man, Wasser, Säfte oder Wein zu sich zu nehmen. Aufgrund von Erfahrung meinte man wohl, daß das Kuskus bei gleichzeitiger Flüssigkeitszufuhr im Magen weiter quoll und dadurch Unbehagen verursachen konnte.

Als Zugabe zum Kuskus servierten die moslemischen Andalusier meist Lamm- oder Hühnerfleisch. Die Zubereitung des Fleisches folgte einem ähnlich aufwendigen Ritual wie die Herstellung des Kuskus. Pfeffer, Muskat, frischer Koriander, Zwiebeln, Knoblauch, Karotten, Kichererbsen, Safran, Zimt, Ingwer und Rosinen waren die Hauptzutaten. Kein Wunder, daß die Brühe häufig das Interessanteste am Kuskus war. Die scharfe Sauce wurde immer getrennt serviert. Sie bestand aus einem Teil der Brühe und gemahlenen, scharfen Pfefferschoten sowie geriebenen gebrannten Mandeln. Man gab je nach Geschmack mehr oder weniger dieses "Tabasco"-Vorläufers auf das weiße Kuskus. Eine große Rolle spielte in al-Andalus die Quitte, und süßes Quittenmus mit viel Zimt wurde häufig zum Kuskus serviert. In kaum einem anderen Gericht verwirklichte sich der Geschmack und die kulinarische Raffinesse von al-Andalus mehr als in diesem süß-salzigen Kuskus. Quittenmus ("membrillo") hat sich übrigens bis heute in der spanischen Küche gehalten; man serviert es zu Frischkäse, reifem Manchego oder auch zu Fleisch.

Wir sollten uns nicht der Illusion hingeben, daß all das, was der maurische Hedonismus im Laufe von 700 Jahren europäischer Geschichte hervorgebracht hat, für alle Glaubensbrüder frei verfügbar gewesen wäre. Der Durchschnitt der meist vielköpfigen maurischen Familien hat in kleinen Häusern, die in engen Gassen zusammengepfercht waren, gelebt. Diese Häuser hatten im allgemeinen keine Küche im heutigen Sinn, d.h. es gab keinen Raum, der besonders für die Zubereitung von Speisen eingerichtet war und in dem ein regelrechter Kochherd stand. Man begnügte sich mit tragbaren Kohlenbecken aus Eisen, über denen die Speisen gekocht wurden. Meist wurden sie im Innenhof des Hauses oder auf einer Terrasse bzw. einem Balkon aufgestellt. Auf diese Weise konnte man Rauch und Küchenduft im Hause vermeiden, für die geruchsempfindlichen Mauren ein ganz wichtiger Aspekt (Diaz-Plaja, F., 1993). Soweit wir wissen, wurde in den maurischen Familien weit weniger als in christlichen oder jüdischen Häusern gekocht. Auch in den ärmeren maurischen Haushalten war es durchaus üblich, sich die Mahlzeiten aus den "mesones" nach Hause kommen zu lassen. Noch heute bezeichnet das Wort "mesón" im Spanischen ein traditionelles Gasthaus. Es ist im übrigen interessant, daß man diese "mesones" häufig in den Außenbezirken der Städte oder gar außerhalb der Stadtmauern ansiedelte. Auch hierfür gab es einen plausiblen Grund: Man wollte möglichst wenig Geruchsbelästigung in den engen Wohnvierteln der Städte oder Dörfer haben.

Die große Bedeutung, die Garküchen in maurischen Zeiten hatten, läßt sich auch an den Straßennamen in andalusischen Städten ablesen, die auf einen "horno" hinweisen (Hilgard, P., 1992). Im Laufe der Jahrhunderte wurden diese Namen zwar beinahe bis zur Unkenntlichkeit verstümmelt, aber ihr Ursprung bleibt doch immer der gleiche: Küchen, in deren Öfen (hornos) Speisen gekocht wurden. Wegen des oben erwähnten Mangels einer richtigen Küche in maurischen Häusern war es üblich, daß die Hausfrau die vorbereiteten Mahlzeiten nur zum Garkochen in diese Küchen brachte. Offensichtlich waren manche dieser Betriebe so groß und bedeutend, daß die Straße, in der sie sich befanden, nach ihnen benannt wurde.

Fast immer befanden sich in geographischer Nähe zu den Garküchen und "mesones" auch die Handwerksbetriebe, die Küchenutensilien herstellten oder reparierten. Zu den wichtigsten gehörten die Kesselflicker, die Messerschmiede und die Messerhändler. Von nicht unerheblicher Bedeutung waren die "almireceros", die Mörserhersteller (span.: almirez = Mörser). Das spanische Wort geht auf das arabische "el-mirhes" zurück (arab.: háras = zerstampfen) und bezeugt damit die enorme Wichtigkeit dieses Gerätes in der maurischen Küche. Noch heute ist der Mörser in Andalusien unverzichtbar. Anders als im Norden Europas, werden im Mörser auch frische Gewürze und Kräuter wie Knoblauch, Pfefferschoten und Petersilie zerkleinert. Während man in unseren Tagen meist Steinmörser benutzt, wurden sie in maurischen Zeiten fast ausschließlich aus Metall gegossen. Die maurischen Mörserfabrikanten handelten übrigens traditionell auch mit Öllampen aus Bronze und Kerzenhaltern, die aus der andalusischen Stadt Lucena stammten und dort vornehmlich von jüdischen Handwerkern hergestellt wurden.

Die Töpfer nahmen eine zentrale Stelle unter den Herstellern von Küchenutensilien ein, denn in ihren glasierten und gebrannten Tonschüsseln wurde sowohl bei den Juden als auch bei den Mauren das Essen zubereitet. In den archäologischen Museen Andalusiens sind noch Tongefäße aus den Zeiten von al-Andalus zu finden, die auf eine verblüffende Weise der heutigen, als typisch spanisch geltenden, Töpferware entspricht. Jeder Spanienbesucher kommt einmal mit ihnen in Kontakt, entweder auf den Straßenmärkten, wo sie zu günstigen Preisen angeboten werden, oder in den "tapa-Bars" und "mesones", wo sie die in ihnen aufbewahrten kleinen Köstlichkeiten auf rustikale Weise zur Schau stellen. Das Kochen und Braten in diesen Tonschüsseln auf offenem Feuer ist eine Kunst für sich, wer sie aber beherrscht, hat einen ganz erheblichen Vorteil gegenüber anderen Köchen: seine Speisen gelingen fast immer. Durch die gleichmäßige Verteilung und die hohe Absorption der Hitze im Kochgefäß, gart die darin befindliche Speise besonders langsam und schonend und beläßt auch die feinsten und zartesten Aromastoffe im Topf. Die tönernen Kochgefäße werden durch vielfache Benutzung immer besser; es scheint, als machten sie durch den Gebrauch eine Art "Reifung" durch.

Wie hat man in maurischen Zeiten ein Feuer zum Kochen entfacht? Man bediente sich häufig der "yescas", diese waren Feuerzeuge, bei denen die durch einen Feuerstein erzeugten Funken ein Wollband zum Glühen brachten. Damit konnte man einen Holzspan oder ähnliches leicht anzünden. Noch immer werden solche Instrumente in den Souvenirläden als typisch spanische Feuerzeuge, die bei Wind und Wetter funktionieren, verkauft. Selbst wenn man sonst nur ein müdes Lächeln für Touristenkitsch übrig hat, kann man nicht verkennen, daß diese Art der Feuererzeugung etwas Geniales an sich hat. Soweit wir wissen, stammen die "yescas" übrigens von den Römern, die ihnen auch den Namen gaben. Das lateinische "esca", die Speise, stand Pate für dieses Gerät, welches das Feuer "speist".

DIE ZUCKERSÜSSEN BACKWAREN AUS AL-ANDALUS

Die große Liebe der Araber zu Süßem teilte auch der Prophet. Aischa, seine Lieblingsfrau, wußte zu berichten: "Der Gesandte Gottes aß sehr gern Süßigkeiten und Honig" (al-Buhari, 1991). Diese Vorliebe für Süßspeisen geht durch die Jahrhunderte arabischer Küchen-Geschichte. Sie hat sich bis zum heutigen Tag in Spanien erhalten. Es wäre vermessen, die unendlich vielen Zukkerbäcker-Spezialitäten beschreiben zu wollen, die die Mauren in al-Andalus hervorgebracht haben und die zu einem großen Teil noch heute in den Backöfen der spanischen Konditoreien immer wieder zu ewig jungem Leben erweckt werden. In Gegensatz zu anderen maurischen Küchentraditionen, die die Vertreibung der Muslime und die Inquisition nicht überlebt haben, hat das süße Backwerk bei den christlichen Eroberern sofort Anklang gefunden. Es waren sogar die Klöster, die sich in ganz besonderem Maße dieser andalusischen Tradition angenommen und sie weiterentwickelt haben.

Süße ist von allen Geschmacksqualitäten diejenige, die der Mensch ohne lernen zu müssen sofort annimmt. Zu allen Zeiten und in allen Kulturen hatten und haben süße Nahrungsmittel eine ganz besondere Bedeutung. Kleinkinder und Greise, deren Geschmacksdifferenzierung noch nicht oder nicht mehr vorhanden ist, füttert man immer erfolgreich mit gesüßten Speisen. Da aber die Süße, z.B. in Form des Honigs, nicht unbegrenzt verfügbar war, war sie meist teuer und außerordentlich begehrt. Somit wurden Süßspeisen und süßes Gebäck ein den Reichen dieser Welt vorbehaltener Luxus. Erst der Rohrzucker und noch mehr die Technik, aus ihm den konzentrierten, kristallinen Zucker zu gewinnen, haben diese Situation grundlegend verändert.

Das Zuckerrohr stammt aus Indien oder China, wo es zur Herstellung von Zucker lediglich zerquetscht und der auslaufende Saft über dem Feuer abgedampft wurde. Der Prozeß der Zuckerproduktion durch Raffinieren mit der Asche von gewissen Hölzern (Pottasche) stammt aus Persien, wo ihn die Moslems im ausgehenden 7. Jahrhundert erfunden hatten. Danach entstanden zwischen Euphrat und Tigris unter Zuhilfenahme von geschickt angelegten Bewässerungssystemen die ersten großen Zuckerrohrplantagen. Überall, wo die Araber im Laufe ihrer geographischen Expansion hinkamen, brachten sie schließlich das Zuckerrohr mit, und so kam es auch nach al-Andalus. An der Mittelmeerküste bei Motril, im Mündungsgebiet des Guadalfeo und in der Vega von Granada entstanden große Zuckerrohrfelder, die noch im 19. Jahrhundert den Wohlstand der Provinz Granada sicherten. Auch um die Hafenstädte Málaga und Valencia gab es wichtige Zentren der maurischen Zuckerproduktion; von dort wurde er auch in größeren Mengen nach Nordeuropa exportiert.

Bei der Bereitung des weißen Kristallzuckers entstand auch ein bernsteinfarbener Saft, den man in Fässer füllte und unter dem Namen "Zuckerhonig" oder

"Melasse" verkaufte. Melasse, heute vorwiegend als Viehfutter benutzt, war im Mittelalter ein Zuckerersatz für die ärmeren Bevölkerungsschichten, vorwiegend in den nördlichen Ländern Europas. Dort gibt es noch heute - insbesondere bei Teetrinkern - eine gewisse Vorliebe für braunen Zucker, dem Melasse zugesetzt ist. Demgegenüber mußte der Zucker bei den Mauren schneeweiß sein, erst dann entsprach er dem Qualitätsbewußtsein der verwöhnten Konsumenten. Eine Extraklasse waren die aromatisierten Zucker. Man gab in einem bestimmten Augenblick des Herstellungsprozesses Veilchenessenz oder Rosenwasser hinzu und bekam so den außerordentlich teuren "Veilchen- oder Rosenzucker", der zum Beispiel zum Süßen von frischem Pfefferminztee sehr begehrt war. Auch das Einmachen von Früchten mit aromatisiertem Zucker war eine Spezialität der maurischen Oberschicht.

Trotz aller Fortschritte bei der Kultivierung des Zuckerrohrs und in der Technologie der Zuckerherstellung blieb die Verfügbarkeit des Zuckers auch in al-Andalus beschränkt. Man bediente sich daher auch anderer Möglichkeiten, Süße ins Backwerk zu bringen. Dabei spielte der Honig eine überragende Rolle, aber auch Feigen und Datteln wurden in größeren Mengen verarbeitet. Das Süßen war selbst im maurischen Spanien noch ein Luxus, und so kam es, daß die Süße der Plätzchen und Kuchen zeitweise zu einem Statussymbol wurde. Je süßer etwas war, desto reicher war der Haushalt. Andalusische Süßigkeiten waren bis zum Fall Granadas weit über die Grenzen des muslimischen Spaniens berühmt und wurden bei den Konditoren zum Inbegriff der Qualität. In fast allen europäischen Sprachen hat das Wort Zucker seine Wurzeln im arabischen "sukkar". Was könnte die Bedeutung dieser arabischen Erfindung für die Kultur europäischer Zuckerbäcker deutlicher machen?

GERÜCHE UND SAUBERKEIT

Die Bedeutung des Bades und der Badefreuden in der maurisch-jüdischen Kultur kann man an einem historischen Beispiel dingfest machen. Alhama de Granada war einer der beliebtesten Badeorte der Mauren. Die wohlhabenden Bürger und Edelleute Granadas und Málagas verbrachten hier das Wochenende oder ihre Ferien. Man kannte und schätzte die wohltuenden und gesundheitsfördernden Kräfte der warmen Thermalquellen. "Al-Hamam" (die heiße Quelle), die arabische Wurzel des Namens Alhama, bezeichnete ganz generell ein Heißluftbad, vergleichbar mit unseren heutigen "Türkischen Bädern". Mauren und Juden schätzten diese heißen Bäder gleichermaßen, wobei in beiden Religionen bestimmte Baderiten vorgeschrieben waren. Neben dem durch ein heißes Bad verursachten körperlichen Wohlbefinden, diente der regelmäßige Bäderbesuch auch der Reinigung. "Siehe, Allah liebt die sich Bekehrenden und liebt die sich Reinigenden" heißt es in der 2. Sure (222).

Zehn Jahre vor der Eroberung Granadas fiel Alhama durch einen Überraschungsangriff an Rodrigo Ponce de León, den späteren Herzog von Cádiz. Der Verlust des geliebten Badeortes bewegte die Mauren wie kaum ein anderes Ereignis jener Tage, denn was danach folgte, war ein frontaler Angriff auf ihre Kultur. Wie bereits in anderen wiedereroberten andalusischen Städten, war auch hier eine der ersten Anordnungen der neuen Herren, die öffentlichen Bäder zu schließen. Aus einem Pamphlet dieser Jahre erfahren wir auch warum: Die Mauren hätten in ihren Badeanstalten "viehischen Vergnügungen" gefrönt und sich dem "Laster des Fleisches ausschweifend ergeben". Dies entsprach sicher nicht der Wirklichkeit, - die öffentlichen Bäder waren meist nicht für beide Geschlechter gleichzeitig geöffnet - sondern entsprang wohl eher der Phantasie des kastilischen Klerus.

Die Ideologie der eifernden Christen erhob nunmehr den Schmutz zur Vorstufe der Heiligkeit und alles was mit Bädern zu tun hatte, war verdächtig und lenkte die Argusaugen der Inquisition auf sich. Das Gelübde von Isabel, der Katholischen Königin, ihr Hemd nicht zu wechseln, bis Granada erobert sei, bezeugt - ob historisch wahr oder nicht wahr - die Einstellung jener Zeit zur Sauberkeit.

Die Ablehnung durch die Christen von Dingen, die die Attraktivität und Begehrlichkeit des menschlichen Körpers verstärken, hat eine uralte Tradition. Alles was dem Leiblichen huldigt, trennt nach christlicher Auffassung den Menschen von Gott. Im Brief des Paulus an die Galater (5) ist in schaurigen Worten dargelegt, wie Fleischeslust den Weg in das Reich Gottes versperrt. "Welche aber Christus Jesus angehören, die haben ihr Fleisch gekreuzigt, samt den Lüsten und Begierden" (Galater 5.24). Es ist verständlich, daß auf dem Hintergrund einer derartigen Ethik die lustvolle Anwendung von Bädern, Salben und Duftstoffen als direktes Machwerk des Teufels angesehen werden mußte. Völlig undifferenziert interpretierte man schließlich körperliches Wohlbefinden als verwerfliche fleischliche Lust. Das maurische und auch das jüdische Lebensgefühl konnte mit dieser Selbstkasteiung nichts anfangen.

Viele maurische und jüdische Quellen beschreiben den unerträglichen Gestank, der einen Christenmenschen häufig umgab. Zwar mag so manche dieser Behauptungen eine propagandistische Unterstellung gewesen sein, aber in ihrer Essenz sind sie durchaus glaubwürdig.

Von allen Sinnesorganen ist die Nase das geheimnisvollste. Schon seit Urzeiten glaubte man, daß sie durch eine direkte Verbindung mit dem Gehirn verbunden sei. In der Nase sah man den Ursprung aller menschlichen Gefühle (Corbin, A., 1992). Ist es da verwunderlich, daß sich eine Kultur wie die maurisch-andalusische, in der dem Gefühl in jeder Hinsicht ein wichtiger Platz im Leben eingeräumt wurde, auch der Kultivierung des Geruchssinnes verschrieben hat? Im Archäologischen Museum von Córdoba befindet sich eine kleine Räucherpfanne aus dem 10. Jahrhundert, in der mit allerlei Duftkräutern parfümierte Räucherkegel abgebrannt werden konnten. Obwohl dieses Exponat vermutlich aus dem Iran stammt, kann man davon ausgehen, daß sich derartige Gebrauchsgegenstände auch in den maurischen Häusern reichlich befanden. Neben den kunstvollen Räuchergeräten aus Bronze hatte man sich in al-Andalus auch der Fertigung von gewürzten Kerzen verschrieben. Es gab solche, die die ganze Nacht über brannten und die herrlichsten Düfte verströmten. Besonders beliebt war der "Königsweihrauch", eine ausgetüftelte Mischung aus Aloe-Holz, Ambra und Moschus. Auch Kampfer diente als Duftträger, insbesondere von Moschus-Parfüm und dem in Andalusien besonders beliebten Haar-Safran; in kleinen Gefäßen wurden diese Duftmischungen auf glühende Kohlen gestellt; die Hitze sorgte für eine schnelle Verdampfung des Kampfers und die Verbreitung der Wohlgerüche im Raum.

Über die Duftwässerchen mit denen sich arabische Männer und Frauen umgaben, hat sich Ibn al-Wassa in seinem berühmten Anstandsbuch "Das Buch des buntbestickten Kleides" ausgelassen (Ibn al-Wassa, 1984). In einem Exkurs über die "Regeln der feinen Lebensart" beschreibt er, woran man einen Menschen, der die wahre feine Lebensart besitzt, erkennt. "Eigenschaften, die ihn zieren, sind: Abscheu gegenüber häßlichen Dingen, Reinlichkeit, Anmut, Freundlichkeit, elegante Kleidung und vornehmes Parfüm." Weiterhin läßt er uns wissen, daß sich Männer mit Moschus, verfeinert mit Rosenwasser, oder verschiedenen safranhaltigen Mischparfümen wohlriechend machen. Auch duftender Puder war sehr beliebt. Bemerkenswert ist, daß al-Wassa an mehreren Stellen darauf hinweist, daß die Parfüms von eleganten Herren nicht zu stark duftend sein dürfen. Demgegenüber konnten die eleganten Damen wesentlich sorgloser mit den Gerüchen umgehen: "Ausgesprochene Damen-Kosmetika, die von den Herren in keiner Weise benutzt werden, sind die Lahlaha-Parfümsalben, das Sandel-Parfüm, das Sayah-Waschparfüm, die Gewürznelken, das Schlaf vertreibende Sahiriya-Parfüm, grüne Adqal-Färbemittel, parfümierte Hautcreme, der echte Safran, das aus Safran hergestellte Haluq-Parfüm, das Haluq-Wasser, der Kampfer, das Kampferwasser, das dreifache Schatzkammer-Parfüm aus Ambra, Aloe und Moschus, der barmakidische Königsweihrauch und alle Arten von Ölen, wie Veilchenöl, Jasminöl, Behenöl, jedoch nicht Tursnam-Öl (Zitronenöl) und Sauerampfer." Ibn al-Wassa lebte im 9. Jahrhundert in Bagdad, dem damaligen Kulturzentrum der islamischen Welt, und wir dürfen annehmen, daß die Moden und Gebräuche von dort über die gut ausgebauten Handelswege auch die andalusische Oberschicht jener Tage erreichten und von ihr kultiviert wurden.

Ibn Dschubair schrieb in seinem bereits erwähnten "Tagebuch eines Mekkapilgers" überschwenglich über den Markt von Mekka, und er berichtet, daß man dort "Duftstoffe wie Moschus, Kampfer, Ambra, Aloe, indische Essenzen und andere Waren aus diesem Land und aus Abessinien, Artikel aus dem Irak und Jemen" und vielen anderen Regionen kaufen kann. Offenbar waren ihm, dem Andalusier aus Granada, diese Dinge auch alle sehr wohl bekannt. Der Duft in den Souks von Sevilla, Córdoba oder Granada lebt tatsächlich fort in den Basaren des Orients. Dort kann man noch die pikanten Gerüche erleben, in denen sich die in Jutesäcken zur Schau gestellten Küchengewürze mit den schweren Essenzen der Parfümhändler, dem Dampf des siedenden Öls der Straßenbäcker, dem Gestank von Hammelfleisch aus den Fleischerständen und den penetranten Aromen getrockneter Fische vermischen. Dazu gesellen sich die Gerüche der menschlichen Ausdünstungen, feuchter Hinterhöfe, alter Kleider und brüchigen Leders, dies alles durchwebt von feinen Schwaden von Minze und Koriander. Von irgendwoher weht der beißende Rauch einer Holzkohlenglut, auf der gewürztes Fleisch an seinen Rändern langsam verkohlt. Über allem schwebt aber der Wohlgeruch frischer Früchte und verbindet alle Duftnoten zu einer harmonischen Symphonie. Dies ist al-Andalus, dies sind die Aromen einer großen Zeit, in der maurische und jüdische Dichter, Philosophen, Wissenschaftler und Künstler aller Art eine Welt geschaffen hatten, von der sie glaubten, sie sei dem Paradies sehr nahe.

Das Hohelied Salomos, jene großartige alttestamentarische Dichtung, in der dem Auge, dem Ohr, dem Geschmack und dem Geruch intensiv gehuldigt wird, war für die andalusischen Juden nicht die Poesie längst vergangener Zeiten, sondern ihre ureigene Lebenserfahrung. "Meine Schwester, liebe Braut, du bist ein verschlossener Garten, eine verschlossene Quelle, ein versiegelter Born. Du bist gewachsen wie ein Lustgarten von Granatäpfeln mit edlen Früchten, Zyperblumen mit Narden, Narde und Safran, Kalmus und Zimt, mit allerlei Weihrauchsträuchern, Myrrhe und Aloe, mit allen feinen Gewürzen. Ein Gartenbrunnen bist du, ein Born lebendigen Wassers, das vom Libanon fließt." Wen wundert es, daß die Christen mit diesen Texten wenig anzufangen wußten? Kein anderer Teil des Alten Testaments ist so explizit und unzweideutig auf die Freuden des irdischen Lebens gerichtet wie das vier Jahrhunderte vor unserer Zeitrechnung geschriebene Hohelied. Spätere katholische Interpretationen haben die besungene Liebe zweier

Brautleute notgedrungen allegorisch ausgelegt. Danach bedeutete sie die Versinnbildlichung der Liebe Gottes zum Volke Israel. "Mein Freund ist mir ein Büschel Myrrhen, das zwischen meinen Brüsten hängt"; diese pralle und sinnlich duftende Sprache war auch die Sprache der spanischen Juden. Sie lebte lange in den sephardischen Romanzen fort, die noch Jahrhunderte nach dem Exodus aus Spanien rund um das Mittelmeer gesungen wurden.

ZWISCHEN AMBRA UND WEIHRAUCH

Einer der begehrtesten Duftstoffe im Land der Mauren war die Ambra. An den Küsten der Arabischen Halbinsel waren die Fischer mit den Klumpen einer grauen, wachsartigen Substanz in Berührung gekommen, der bei leichtem Erhitzen ein wunderbar feiner Geruch entströmte. Der Ursprung der Ambra war lange Gegenstand von Spekulationen. Da man sie einmal im Meer herumtreiben, ein anders Mal am Ufer liegen, an Felsen und Riffen hängen und gelegentlich sogar am Körper toter Fische sah, glaubte man, sie käme aus verborgenen Quellen des Meeres und werde von den Fluten hinausgetragen. Andere hielten sie für eine auf dem Meeresgrund wachsende Pflanze, und mancher ernst zu nehmende Naturforscher aus Arabien glaubte beweisen zu können, daß es sich bei der Ambra um verhärteten Meeresschaum handelte. Andere Wissenschaftler vertraten die Ansicht, daß es die Exkremente von großen Vögeln sein müssen, die in fernen, unbekannten Ländern heimisch waren, und deren Nahrung so aromatisch wie der Ambraduft war. Schließlich setzte der Kalif Harun ar-Raschid, ein großer Verehrer der Ambra, eine Kommission ein, die ihre Herkunft endgültig klären sollte.

Zwar hatte man Ambra bereits im Altertum im Leibe des Pottwals gefunden, aber der gängige Glaube war, daß das Seetier die Substanz lediglich verschluckt habe. Immerhin gab es auch die Erklärung, daß es sich um Ausscheidungen des Pottwals handle, und damit war man den Tatsachen bereits auf der Spur. Später glaubte man, erkannt zu haben, daß die Ambra eine Verhärtung im Magen und Darm dieses Tieres sei. Auch im Rücken des Pottwals fand man sie, und diese galt als die absolut beste und reinste. Mittlerweile ist ihre Herkunft bekannt:

Sie ist ein natürliches Produkt des Pottwals und wird nach dessen Tod und Zersetzung ins Meer abgegeben. Der Indische Ozean war seinerzeit die reichste Quelle. In Arabien zog man in Vollmondnächten aus, um Ambra an der Küste zu sammeln, denn man glaubte, daß gerade in diesen hellen Nächten das beste Material ans Ufer gespült wurde. Auch wurden Kamele auf ihren Geruch dressiert und als Spürnasen mit auf die nächtlichen Exkursionen genommen. Die aromatischste Ambra stammte aus Bahrein. Aden, Basra, Alexandrien und Konstantinopel galten im Mittelalter als die bedeutendsten Umschlagplätze, und mit den Karawanen, die durch Nordafrika zogen, gelangte sie auch in großen Mengen nach al-Andalus. Allerdings gab es den begehrten Stoff in jenen Tagen auch an der spanischen und portugiesischen Atlantikküste. Die Qualität der atlantischen Ambra war, so wird berichtet, nicht so gut wie die des indischen Ozeans. Immerhin haben die Mauren ihr Material gelegentlich auch nach Ägypten exportiert, wo er in den Bazaren von Alexandria neben dem orientalischen wohl doch recht konkurrenzfähig gewesen sein muß (Heyd, W., 1984).

Man kaufte in jenen Tagen Ambra entweder ganz roh in Klumpen, so wie sie eben gefunden wurde oder mehrere Stücke in der Mitte mit einem Loch versehen und an einer Schnur aufgereiht. Zu ihrer Aufbewahrung hatte man allerlei Behälter aus Gold oder mit Gold verziert, häufig in Form von Äpfeln. Der wohlriechende Stoff wurde auch als Material für kleine Schnitzarbeiten wie Halsketten und Figurinen verwendet. Entsprechend fertigten die Christen später aus Ambra Rosenkränze und Kruzifixe, und die Möbel- und Raumdekorateure benutzten sie für Intarsien. Kaum ein anderer Duftstoff hatte eine ähnliche Bedeutung im maurisch-arabischen Kulturkreis wie die Ambra. Über Spanien ist sie schließlich auch an die Höfe der europäischen Fürsten gelangt, wo sie sehr bald außerordentlich beliebt wurde, und wo man bereit war, dafür höchste Preise zu bezahlen.

Aus vielen maurischen Quellen geht hervor, daß man in al-Andalus den Moschus oder Bisam sehr verehrt hat. Auch hierbei handelte es sich um ein tierisches Produkt, welches in den behaarten Beuteln gebildet wird, die zwischen Nabel und Schwanz der Moschustiere herabhängen. Schon im 6. Jahrhundert berichtet ein Indienfahrer von der Jagd nach den Moschustieren, von denen man nichts anderes wollte als eben jenen Beutel, in dem sich das kostbare Parfüm befand. Nur ganz ausgereifte Tiere verfügten über den begehrten Duftstoff; die Beutel jüngerer Tiere enthielten eher übelriechende Essenzen. Man ging daher in späteren Jahrhunderten dazu über, die Duftstoffe aus dem Sekret, welches die Tiere durch Reiben an Steinen abgesondert hatten, zu isolieren. Die Moschussammler kannten sehr wohl die Weideplätze und sammelten dort den getrockneten Moschus auf. Schon aus der Art und Weise, wie man zu dieser wohlriechenden Essenz kam, zeigt sich, daß sie nicht billig sein konnte. Es wird berichtet, daß insgesamt nur sehr wenig zur Ausfuhr kam, da die orientalischen Landesfürsten dem Duft ebenso zugetan waren und versuchten, das kostbare Material für sich zu behalten.

Der Lebensraum des Moschustieres liegt zwischen China und Tibet. Bei den Mauren war der tibetanische Moschus weitaus begehrter als der chinesische. Man nahm an, daß das Moschustier in den Höhen auf der tibetanischen Seite besondere aromatische Kräuter finde und fresse. Auf den Karawanenwegen und entlang der "Seidenstraße" kam der Moschus in die Basare von Samarkand und Alexandrien. Von dort gelangte er wiederum über Nordafrika nach al-Andalus. Das christliche Katalonien pflegte lebhaften Handel mit den Venetianern, Genuesen und Pisanern, die wiederum den europäischen Duftstoff- und Gewürzhandel kontrollierten. Über den Mittelmeerhafen Barcelona kamen diese Luxusgüter schließlich auch in großen Mengen nach Andalusien. Kommerz und Handel überwanden im maurisch-christlichen Land die geographischen und religiösen Grenzen. Es ist erstaunlich festzustellen, wie leicht sich Kaufleute immer wieder über politische oder konfessionelle Gegebenheiten hinwegsetzen konnten. Im Süden von al-Andalus waren es die Häfen von Almería und Málaga, die den Import von derartigen Waren abwickelten. Von hier gingen die Transporte häufig weiter in die nordwestlich gelegenen christlichen Nachbarländer.

Neben Ambra und Moschus war der Dritte im Bunde der begehrten Duftstoffe aus dem Orient das Sandelholz. Man unterschied drei Arten, das rote, das gelbe und das weiße. Botanisch hatten diese nichts miteinander zu tun. Das rote Sandelholz stammte vornehmlich vom ostindischen Festland und war ganz besonders wegen seines schönen roten Farbstoffes begehrt. Das gelbe Sandelholz hatte in seinem Inneren ein gelbliches, sehr stark duftendes und festes Holz, während sich in den äußeren Schichten ein weit weniger riechendes und dafür weitaus weicheres Holz befand. Das gelbe Sandelholz mit seinem feinen, jedoch starken und lang anhaltenden Aroma wurde vornehmlich im Orient selbst verbraucht. Beim Verbrennen ihrer Toten benutzten es die Hindi ebenso wie als Weihrauch beim Gottesdienst. Wohlhabende Andalusier räucherten auch in ihren Häusern mit gelbem Sandelholz. Sandelholzessenzen waren im Orient seit alters als Parfüms beliebt und in den Fürstenhäusern außerordentlich begehrt. Daraus ergibt sich, daß für den Export meist nur wenig übrigblieb. Aus diesem Grunde wurde in al-Andalus das leichter verfügbare aber weniger kräftige, dafür aber sehr fein duftende, weiße Sandelholz bevorzugt. Man fertigte aus ihm aromatische Öle und benutzte es als Rohmaterial für die Herstellung von Schatullen und Figuren. In zeitgenössischen Quellen werden die Inseln des Indischen Ozeans als Herkunftsländer des Sandelholzes angegeben. Das arabische Wort "sandal" für Sandelholz lebt im spanischen "sándalo" weiter fort.

Das wohlriechende Aloeholz (die holzigen Stengel der Aloepflanze, einer uralten Heilpflanze mit abführender Wirkung) spielte im Orient in noch viel höherem Maße als das Sandelholz eine Rolle als Duftstofflieferant. Daher standen nur ganz geringe Mengen für den Export bereit, und in den Handelsbüchern und Zolltarifen Westeuropas erscheint es tatsächlich nur ganz sporadisch. In Indien wurde Aloe bei den Gottesdiensten ebenfalls als Räuchermittel benutzt; Pilger brachten es als Weihgeschenk zu den großen Tempeln und bei der Leichenverbrennung fand es reichlich Anwendung. Arabische Ärzte sprachen der Essenz aus Aloeholz heilende Kräfte zu; insbesondere wurde sie als Abführmittel benutzt, und so kam es, daß diese eher in den Apotheken von al-Andalus als in den Parfümerien zu bekommen war.

Menschen sind wie Aloekrüge,
Die mit Honig dünn bestrichen sind am Rand.
Du versuchst: sie schmecken süß. Das ist die Lüge.
Bittere Wahrheit wird am Grund erkannt.

dichtete Ibn Dschubair in al-Andalus um die Wende zum 13. Jahrhundert. In der Tat enthält die Aloe eine Menge Bitterstoffe, die beim Verbrennen als Rückstände zurückbleiben, bei der innerlichen Anwendung jedoch unangenehm sind.

Als die gerade zum Islam bekehrten Araber im Jahre 636 in Madain, der Königsstadt der Sassaniden, eindrangen, erbeuteten sie dort neben anderen Gewürzen und

Duftstoffen auch eine ganze Schiffsladung Kampfer. Dies war die Geburtsstunde einer großen Liebe und Zuneigung, die sich in allen islamischen Ländern ausbreitete. Endlich hatte man gefunden, wovon der Koran in so lieblichen Tönen sprach: "Siehe die Gerechten werden trinken aus einem Becher, gemischt mit Kampfer - eine Quelle, aus der Allahs Diener trinken sollen, sie ständig fließen lassend" (76. Sure, 5 und 6). Nach moslemischem Glauben befindet sich im Paradies eine Kampferquelle, die das Getränk der Seligen würzt und kühlt. Als die arabischen Schiffer und Kaufleute schließlich nach Indien, China und Indonesien vordrangen, lernten sie auch den majestätischen, schattenspendenden Kampferbaum als Quelle für die begehrte Chemikalie kennen. Kampfer wurde entweder als flüssiges Harz, welches durch Einschnitte in die Baumrinde austrat, oder als aus dem Holz geschnittenes, verhärtetes Material gehandelt. Aus dem Rohstoff wurde es schließlich gereinigt und geklärt, bis es eine salzförmig kristalline Konsistenz aufwies. Die im Inneren des Baumes befindliche Kampfersubstanz konnte nur gewonnen werden, wenn der Baum gefällt wurde, und so kam es, daß der Rohstoff sehr schnell rar und begehrt wurde.

Kampfer war in der Medizin und Kosmetik gleichermaßen beliebt, und man kannte in den Zeiten von al-Andalus ein reiches Sortiment von Kampferarten, die sich sowohl nach ihrer Herkunft, ihrer Farbe oder Intensität klassifizieren ließen. Kampfer hinterläßt ein leichtes Brennen auf der Haut, das rasch in ein ausgeprägtes Gefühl der Kühle übergeht. Dies machte ihn zu einer sehr angenehmen Beimengung von Duftwässern, mit denen man sich im Sommer Erfrischung schaffen konnte. Später übernahm der Alkohol diese Funktion. Sich durch Einreiben mit duftenden alkoholischen Wässern Kühlung zu verschaffen, ist noch heute eine weit verbreitete Praxis in Spanien und anderen Mittelmeerländern. Wie wir bereits gehört haben, spielte der Kampfer auch als Beimischung zu Getränken eine gewisse Rolle. Heute wird Kampfer, dessen chemische Struktur mittlerweile aufgeklärt ist, synthetisch hergestellt.

Auf eine besondere Anwendungsart des Kampfers im Orient und in al-Andalus sei noch kurz hingewiesen. Er galt als probates Mittel gegen die Eifersucht. Ein altes Rezept verschreibt Frauen, die Eifersucht gegen ihre Rivalinnen verspüren, die innere Anwendung von Kampfer. Auch wenn sie das Bedürfnis hatten, sich von den Pflichten der Ehe zu erholen, sollten sie Kampfer anwenden. Dahinter stand einmal die beruhigende Wirkung des Mittels, zum anderen aber seine angeblich ausgeprägt dämpfende Wirkung auf den Geschlechtstrieb. In Wirklichkeit war es wohl der Analogieschluß von der kühlenden Empfindung auf der Haut auf eine Abkühlung der Sinne.

Seit alters war Weihrauch eine beliebtes Mittel, die Götter durch guten Duft froh zu stimmen. Die Christen wollten diese Gewohnheit zunächst nicht von den Römern übernehmen, denn sie war in ihren Augen ein Relikt heidnischen Glaubens. In der Tat, mit dem stark duftenden Harz des Boswellia-Strauchs wurde im alten

Rom verschwenderisch umgegangen. Starb ein Senator, ein Priester oder gar ein Kaiser, wurde Weihrauch in die Glutpfannen gestreut, damit der Wohlgeruch den Atem des Toten hinauf zu den Göttern trage (Faure, P., 1991). Es ist erstaunlich, wie eine Gewohnheit durch so viele, voneinander unabhängige Kulturen einen Platz im Alltagsleben der Menschen gefunden hat. Das Verbrennen von gut duftenden Hölzern oder Harzen zu festlichen Zwecken zieht sich wie ein roter Faden durch die Kulturgeschichte der Menschheit, dem sich schließlich auch die katholische Kirche nicht entziehen konnte. Im 4. Jahrhundert billigte sie offiziell den Gebrauch von Weihrauch beim Gottesdienst, zumal im Alten Testament (2. Mose 30) von "gutem Räucherwerk" die Rede ist, welches Aaron jeden Morgen auf dem Altare zur Ehre Gottes verbrennen soll. Die Juden haben allerdings trotz dieser biblischen Aufforderung in ihren Synagogen kein Weihrauch verwendet. Weihrauch ist das Harz des Boswellia-Strauches, das beim Verbrennen einen sehr charakteristischen, balsamischen Duft verbreitet. Für die Mauren war die Farbe das Hauptqualitätsmerkmal des Weihrauch: je weißer er war, desto reiner und intensiver war sein Duft. Trotzdem mischte man häufig auch hier allerhand Kräuter und Würzpflanzen darunter.

In der oben erwähnten Bibelstelle sagte Gott zu Moses: "Nimm Dir Spezerei; Balsam, Stakte, Galbanum und reinen Weihrauch, vom einen soviel wie vom anderen und mache Räucherwerk daraus". Stakte war vermutlich das wohlriechende Harz bestimmter Zitrusgewächse und unter Galbanum verstand man ein persisches Doldengewächs, dessen Harz beim Verbrennen ebenfalls intensive Düfte hervorbrachte. Balsam, dessen Bezeichnung hebräischen Ursprungs ist, war das begehrte Harz der Balsamstaude, eine besonders in Arabien verbreitete Pflanze. Im Zeitalter von al-Andalus war eine der größten Sehenswürdigkeiten das sagenumwobene Gehöft von Matarea in Ägypten am Rande der Sinaiwüste. Dort gab es eine magische Quelle, die sowohl den Christen als auch den Mohammedanern heilig war. Sie bewässerte den berühmten Balsamgarten; hier soll Maria mit dem Jesuskinde auf der Flucht nach Ägypten gerastet haben. Der ganze Ort war in einen ganz wunderbaren Duft gehüllt, und die Legende besagte, daß es auf der ganzen Welt keine zweite Stelle gab, an dem diese wohlriechenden Sträucher gedeihen konnten. Einmal im Jahr ritzte der Gärtner die Stämme vorsichtig an, und der begehrte Balsam träufelte aus den Wunden. Dieser Duftstoff aus Matarea war wertvoller als Gold, und der Sultan wachte angeblich höchstpersönlich über seinen Verbleib. Die Mauren verehrten ihn in hohem Maße. Sie benutzten das Wort auch erstmals in übertragenem Sinne: "Balsam" bezeichnete bei ihnen auch Linderung, Freude und Labsal. Diese Bedeutung findet sich mittlerweile auch in anderen Sprachen.

DIE DIMENSIONEN DER SINNLICHKEIT IN AL-ANDALUS - EPILOG

Eine alte maurische Lebensweisheit lautete: "Wer nie der aufgehenden Morgenröte entgegen sah, den süßen Duft der Blumen einsog, die samtene Haut der Liebsten fühlte, beim Klang der Musik den Alltag vergaß - der hat nie gelebt; sein Leben ist gleich dem eines Esels". Das Leben der Mauren war auf das Diesseits ausgerichtet, und dennoch war es weit entfernt von Oberflächlichkeit oder banaler Genußsucht. Wenn es so etwas wie asketischen Genuß gäbe, wäre er in al-Andalus zu finden gewesen. Die Widersprüchlichkeit des Begriffes ist nur vordergründig, denn er bezeichnet im Grunde genau die Einstellung der maurischen Kultur zu den Freuden des Lebens. Maßhalten, bewußtes Erleben, Ekstase als sublimierter Zustand der Gefühle und rationale Wissenschaftlichkeit beim Versuch, sich selbst und die Gesellschaft zu verstehen, das waren, unter vielen anderen, Kennzeichen maurischer Lebensart. Mit den Juden konnten sie vieles davon teilen. Zwischen diesen beiden Bevölkerungsgruppen bestand eine Art Seelenverwandtschaft, die ihren Ausdruck, wie wir immer wieder gesehen haben, u.a. auch in gemeinsamen kulinarischen Vorlieben fand. Zu den Christen mochten nie derartige Beziehungen auf breiter Basis entstehen. Allzu häufig benötigte man für den Kulturaustausch mit den Christen die Juden als Vermittler. In dieser undankbaren Rolle gerieten die Juden allerdings immer wieder zwischen die Fronten. Die physisch schwache sephardische Bevölkerung wurde in regelmäßigen Abständen zur Zielscheibe der christlichen oder der maurischen Aggressionen.

Der englische Soziologe Stephen Mennell bezeichnet das Entstehen einer Küchenkultur "die Zivilisierung der Eßlust"

(Mennell, S., 1988). Al-Andalus gab uns ein hervorragendes Beispiel für die Zivilisierung der Sinnenfreude ganz allgemein. Was zwischen Hunger und Essen, zwischen Trieb und Triebbefriedigung liegt, ist hier zu einer Kultur mit unendlich vielen Nuancen geworden. Dieses längst vergangene Land frönte einem Hedonismus, der in seiner Ehrlichkeit und in seiner Bescheidenheit außerordentlich sympathisch war. Nicht unersättlicher Lebensgenuß war es, den die Mauren und Juden jener Tage suchten, sondern die Aufgeschlossenheit für das irdische Leben und die Werte des menschlichen Daseins. Der Maure und der Jude hatten offene Augen für den Reichtum und die Schönheit der Welt, gleichzeitig aber auch ein tiefes Bedürfnis nach Stille und Maß.

Der innere Frieden war oberstes Lebensziel. Äußeres Zeichen dafür waren die Paradiesgärten in den Städten, Burgen und Privathäusern. Der Garten war schon von der Anlage her ein Ort der Abgeschiedenheit. Die sich wie eine Richtschnur durch alle Schichten maurischen Geistes ziehende Maxime, "lebe im Verborgenen", war nicht etwa die Flucht vor der rauhen, grausamen Wirklichkeit des Alltags, sondern die Einsicht, daß der Mensch nur in Zurückgezogenheit und Stille zu einer neuen, in sich selbst ruhenden Dimension der Wirklichkeit finden kann. Innerlichkeit, Ruhe der Seele und der heitere Friede des Herzens waren keine Schlagworte, sondern erlebte Begriffe des Mauren. Bewußt oder unbewußt lehnte sich die maurische Gesellschaft, wenigstens in ihren Hochzeiten, an die antike Lebensphilosophie der Epikureer an. Es ist geradezu aufregend, daß der frühe Islam diese Entwicklung nicht nur zuließ, sondern sogar begünstigte. Heute nehmen wir nur noch den militanten und intoleranten Islam der fundamentalistischen Terrororganisationen wahr; die große europäische Vergangenheit dieser Weltreligion, die der Toleranz und dem Leben huldigte, ist leider im Bewußtsein der westlichen Welt so gut wie nicht mehr gegenwärtig. Hoffentlich erinnern wir uns eines Tages wieder und beginnen den maurischen Traum zu verwirklichen!

Es gibt noch unzählige Eigenarten und Gewohnheiten der Mauren, die aufzuspüren sich gelohnt hätte. Ich bin überzeugt, daß alles weitere das hier gezeigte Bild von al-Andalus nur noch verstärken könnte. Die scheinbar zusammenhanglose Aufreihung von historischen Tatsachen, sowie Lebens- und Eßgewohnheiten eines untergegangenen Volkes, sollte wichtige Teile von dessen Kultur, dem eingangs zitierten Lustprinzip folgend, wieder fühl-, riech- und schmeckbar machen. Natürlich gab es auch in diesem "paradiesischen" Land erhebliche soziale, religiöse und politische Konflikte, die, bei entsprechender Darstellung, die vielen Euphemismen dieses Buches spielend leicht aufdecken würden. Darauf kam es mir aber nicht an. Al-Andalus ist ein Synonym für etwas, was wir heute wieder empfinden können. Die "postkapitalistische" Gesellschaft, oder welch andere Worthülse wir unserem Lebensgefühl auch überstülpen möchten, sucht nach einer alternativen Betrachtung der Welt. Das Gefühl, den reinen Materialismus hinter sich lassen zu müssen, öffnet das Herz und macht es wieder empfänglich für unsere entfernteren Vorfahren, die uns einen gangbaren, weil bereits vorgelebten, Weg zeigen können. Dieses Buch ist ein ganz persönliches Bekenntnis zu einer verflossenen, multikulturellen Gesellschaft, deren historische Botschaft uns vielleicht gerade in Zeiten der emotionalen Verunsicherung provozieren und eine Zukunftsorientierung geben kann.

LITERATURVERZEICHNIS

al-Buhari, Sahih: Nachrichten von Taten und Aussprüchen des Propheten Muhammad. Philipp Reclam jun., Stuttgart, 1991.

al-Qazwini, Zakariyya ibn Muhammad: Die Wunder des Himmels und der Erde. K. Thienemanns Verlag, Stuttgart, 1986.

Barrucand, Marianne und Bednorz, Achim: Maurische Architektur in Andalusien. Köln, Benedikt Taschen Verlag, o.J.

Benavides Barajas, L.: Al-Andalus. La Cocina y su Historia. Ediciones Dulcinea, Motril, 1992.

Benedek, Carl: Das iberische Erbe Spaniens. Casimir Katz Verlag, Gernsbach, 1990.

Benjamin von Tudela und Petachja von Regensburg: Jüdische Reisen im Mittelalter. Verlag Sammlung Dieterich, Leipzig, 1991.

Bolens, Lucie: La Cocina Andaluza, un Arte de Vivir, Siglos XI - XIII, Editorial EDAF, Madrid, 1992.

Brandenburg, Dietrich: Die Ärzte des Propheten - Islam und Medizin. Edition q, Berlin, 1992

Brenan, Gerald: Südlich von Granada. Verlag Jenior & Pressler, Kassel, 1996

Brett, Michael und Forman, Werner: Die Mauren. Islamische Kultur in Nordafrika und Spanien. Atlantis Verlag, Luzern/ Herrsching, 1986.

Canetti, Elias: Die gerettete Zunge. Geschichte einer Jugend. München. Hanser 1977.

Corbin, Alain: Pesthauch und Blütenduft. Eine Geschichte des Geruchs. Fischer Taschenbuchverlag, Frankfurt, 1992

Day, Irene: Kitchen in the Kashba. André Deutsch Ltd., London, 1976

de Planhol, Xavier: Kulturgeographische Grundlagen der islamischen Geschichte. Artemis Verlag, München/Zürich, 1975.

Díaz-Plaja, Fernando: La Vida Cotidiana en la España Musulmana. Editorial EDAF, Madrid, 1993.

Die Erzählungen aus den Tausendundein Nächten. Insel Verlag, Frankfurt, 1976.

Dodds, Jerrilynn D. (Hrsg.): Al-Andalus, las Artes Islámicas en España. Ediciones El Viso, Madrid, y The Metropolitan Museum of Art, New York, 1992

Eléxpuru, Inés: La Cocina de al-Andalus. Alianza Editorial, Madrid, 1994.

Faure, Paul: Magie der Düfte. Eine Kulturgeschichte der Wohlgerüche. Artemis & Winkler Verlag, München/Zürich, 1991.

Gautier, Théophile: Reise in Andalusien. Heinrich Hugendubel Verlag, München, 1981.

Grabar, Oleg; Die Alhambra. DuMont Buchverlag, Köln, 1981.

Graetz, Heinrich: Volkstümliche Geschichte der Juden (Reprint der Ausgabe von 1923). München, dtv, 1985

Haarmann, Ulrich (Hrsg.): Geschichte der arabischen Welt. Verlag C. H. Beck, München, 1991.

Hehn, Viktor: Olive, Wein und Feige. Kulturhistorische Skizzen (hrsg. von Klaus von See). Insel Verlag, Frankfurt, 1992

Heller, Erdmute: Arabesken und Talismane. Geschichte und Geschichten des Morgenlandes in der Kultur des Abendlandes. Verlag C. H. Beck, 1992.

Heyd, Wilhelm: Geschichte des Levantehandels im Mittelalter (Reprint der Ausgabe von 1879, 2 Bde.). Georg Olms Verlag, Hildesheim, 1984.

Hilgard, Peter: Granada - Leuchten in der Dämmerung, C. Biasci Verlag, Bielefeld, 1992

Hoenerbach, Wilhelm: Islamische Geschichte Spaniens (nach dem Kitab a´mal al-a´lam von Ibn al-Hatib). Artemis Verlag, München/Zürich, 1970.

Hunke, Sigrid: Allahs Sonne über dem Abendland - unser arabisches Erbe. Fischer Taschenbuchverlag, Frankfurt, 1991.

Ibn al-Wassa: Das Buch des buntbestickten Kleides. Gustav Kiepenheuer Verlag, Leipzig/Weimar, 1984.

Ibn Dschubair, Muhammad Ibn-Ahmad: Tagebuch eines Mekkapilgers. K. Thienemanns Verlag, Stuttgart, 1985.

Jahn, Janheinz: Der arabische Liebesdiwan. Lyrik des Morgenlandes. Freiburg, Klemm 1955.

Jockel, Rudolf (Hrsg.): Islamische Geisteswelt. Drei Lilien Verlag, Wiesbaden, 1981

Keller, Werner: Und wurden zerstreut unter alle Völker. Die nachbiblische Geschichte des jüdischen Volkes. R. Brockhaus Verlag, Wuppertal/Zürich, 1993.

Kindlers Literatur Lexikon. Mchn. Dtv, 1974.

Der Koran. Übers. von Max Henning. Wiesb. VMA (o.J.)

Kugel, Christiane E.: El agua de la Alhambra. Cuadernos de la Alhambra (Granada) Vol. 28, p. 43 - 59, 1992.

Kugel, Christiane E.: Un jardín hispano-musulmán, paraíso para los sentidos. Cuadernos de la Alhambra (Granada) Vol. 28, p. 27-41, 1992.

LeGuérer, Annick: Die Macht der Gerüche. Eine Philosophie der Nase. Klett-Cotta, Stuttgart 1992.

Leroy, Béatrice: Die Sephardim. Geschichte des iberischen Judentums. Nymphenburger Verlagshandlung, München, 1986.

Lewis, Bernard: Die Juden in der islamischen Welt. Verlag C.H. Beck, München, 1987.

Malpica Cuello, Antonio: El Agua y la Agricultura en al-Andalus. Ausstellungskatalog Alcazaba, Almería, 1995

Marcu, Valeriu: Die Vertreibung der Juden aus Spanien. Matthes & Seitz Verlag, München, 1991.

Martínez Llopis, Manuel M.: Historia de la gastronomía española. Alianza Editorial, Madrid, 1989)

Mennell, Stephen: Die Kultivierung des Appetits. Die Geschichte des Essens vom Mittelalter bis heute. Athenäum Verlag, Frankfurt, 1988

Miller, Richard A.: Liebestrank - Aphrodisiaka und die Kunst des Liebens. Ullstein Verlag, Frankfurt, 1992.

Preuss, Julius: Biblisch-talmudische Medizin. Beiträge zur Geschichte der Heilkunde und der Kultur überhaupt (Reprint der Ausgabe von 1911). Fourier-Verlag, Wiesbaden, 1992.

Schimmel, Annemarie: Mystische Dimensionen des Islam. Eugen Diederichs Verlag, München, 1992

Schubert, Kurt: Die Kultur der Juden. 2 Bde. Akademische Verlagsgesellschaft Athenaion, Wiesbaden, 1979.

Schweizer, Gerhard: Die Derwische. Heilige und Ketzer des Islam. Verlag das Bergland-Buch, Salzburg, 1984.

Schöpf, Hans: Zauberkräuter. VMA-Verlag, Wiesbaden, 1992.

Spengler-Axiopoulos, Barbara: "Warte auf mich Saloniki". In: Die Zeit, Nr. 11 (13. März), S. 82, 1993.

Vernet, Juan: Die spanisch-arabische Kultur in Orient und Okzident. Artemis Verlag, München/Zürich, 1984.

Viñes, Cristina: Granada en los libros de viaje. Miguel Sánchez, Granada, 1982.

Orts- und Namensregister

Sachregister

252

Gerald Brenan: Südlich von Granada

„Brenan hat mehr als sieben Jahre lang unter Schäfern, Bergbauern und kleinen Handwerkern gelebt. Daß als Essenz ein Buch mit weitaus mehr Tiefe, Gründlichkeit und Beobachtungspräzision entstanden ist, als dies Reiseführer jemals vorweisen können, verwundert nicht.   *Harald Klöcker (FR)*

ISBN 3-928172-51-4, 2. Aufl. 368 S. Fotos. Gebunden. DM 34.-

Gerald Brenan: Das Gesicht Spaniens
Bericht von einer Reise durch den Süden

"Brenan beschreibt seine Suche nach dem Grab Federico García Lorcas in Granada im Jahre 1949, zehn Jahre nach dem Ende des Bürgerkriegs, kühl und distanziert, wodurch er den Terror des Franco-Regimes, die Verschüchterung der Menschen umso deutlicher hervortreten läßt."   *Einar Schlereth in Tranvía*

ISBN 3-9801438-9-9 300 S. Kt. 34.-

Winfried Jenior: Tapas - Spezialitäten aus Spanien

Vorwort von Juan Madrid
Tapas - jeder Spanienreisende kennt sie. Kleine Gerichte, die auf den Theken der spanischen Bars stehen. Hundert der besten Rezepte, auf Reisen durch den Süden gesammelt, werden hier vorgestellt. Juan Madrid, zu Hause in den Bars und Altstadtkneipen, beschreibt deren Herkunft und Tradition und führt den Leser ein in die Kunst, Tapas zu essen.
Ein 32-seitiges Glossar erschließt das spanische Küchenvokabular.

"Fernweh der südlicheren Art verursacht *Tapas*, das den Rang einer seltenen Rarität beanspruchen darf. Tapas, jene bewußten kleinen Süchtigmacher, die jedem Spanienurlauber ein Begriff sind."   *Gault Millau (Wien)*

ISBN 3-928172-46-8 3. Auflage. 168 S. Kt. Fotos. DM 16.-

Ian Gibson: Lorcas Granada
Ein Stadtführer - auf den Spuren von Federico García Lorca

Der in Spanien lebende Ire Ian Gibson legt nach seiner großen Biographie über Federico García Lorca einen Stadtführer durch Granada vor.

„Seit mehr als 30 Jahren arbeitet Jan Gibson über Lorca. Heute gilt er als der angesehenste Kenner auf dem Gebiet. Den riesigen Fundus an Materialien nutzte er nicht nur dazu, den bisher interessantesten Stadtführer durch Granada zu schreiben. Das Buch ist ein ebenso zuverlässiger Führer durch Lorcas Gesamtwerk."   *Klaus Jetz (taz)*
ISBN 3-928172-14-X. 230 S. Geb. DM 34.-

Sevilla - Ein Stadtbuch
Hg. v. D. Haller & B. Romer

"Kein herkömmlicher Reiseführer, sondern ein Lesebuch, das mit Essays und Berichten Geschichte und Gegenwart der Stadt nahebringt."   *Bayerisches Fernsehen*

ISBN 3-928172-09-3. Kt. 208 S. 28.-

Felix Hofmann (Hg.):
ANDALUSISCHE ANSICHTEN
Lesebuch nicht nur für Reisende

Die Anthologie präsentiert Texte aus 6 Jahrzehnten. Der älteste ist vom Ende der 40er Jahre. Gerald Brenan berichtet von seiner Suche nach dem Grab von Federico García Lorca, der zu den ersten Ermordeten des Bürgerkriegs zählte. Es folgen Texte, die Andalusien an der Schwelle zum dritten Jahrtausend zeigen, in dem die Verunstaltung des Landes entweder rückgängig gemacht oder für immer festgeschrieben wird.

ISBN 3-928172-79-4, Erw. Neuausg. ca. 240 S. Geb. DM 34.-

BÜCHER ÜBER SPANIEN

ALMANACH SPANIEN
Kalender zu Kultur und Alltag in Spanien
Hg. v. Winfried Jenior

Der Leser erfährt Wissenswertes und Unterhaltsames, Alltäg-
liches und Kurioses: die Verkehrsregeln, Postgebühren, Feste,
Adressen, Vorwahlnummern, Provinzen, Regionen, Buchemp-
fehlungen, Tips zum Reisen und Essen in Spanien und vieles
mehr.

„Für Spanienreisende unverzichtbar".   *Die ZEIT*

ISBN 3-928172-98-0, Geb. tls. Farb. Abb. 256 S. DM 25.-

Juan Madrid: Dschungel - Großstadtgeschichten
"Miniaturen der Gewalt. 'Dschungel' ist nicht nur eine gänzlich
andere Form der Kriminalliteratur, es ist auch Madrids bestes
Buch."   *Jörg Rheinländer (FR)*
ISBN 3-928172-08-5. 160 S. Kt. 24.-

Felix Hofmann: Wüste Küste - Costa-Brava-Geschichten
"Hofmann schert sich einen Teufel um verjährte Klischees. Er
ist ein Garant für Spannung, ungewöhnliche Handlungen und
unerwartete Ausgänge."   *C. Schilling-Ebermann (Info-Tip)*
ISBN 3-9801438-8-0. Kt. 128 S. DM 22.-

Winfried Pielow: Das Alphabet - Ein Brief aus Spanien
"Selten ist wohl die nervtötende Langeweile einer spanischen
urbanización eindringlicher und hautnaher beschrieben worden als in
diesem Marathon-Brief des gen Süden entflohenen Nixwieweg an
seine daheimgebliebene Annette."   B. Voigt (Hispanorama)
ISBN 3-928172-15-8. 140 S. Kt. DM 20.-

Tobias Gohlis: Die Steine Granadas
Gedichte. Deutsch/Spanisch.
ISBN 3-928172-57-3, 20 S. Kt. Blockbuch. DM 16.-